Hab Mut zur Lebensfreude

Kerstin Werner

HAB MUT zur Lebensfreude

5 Schritte in dein
selbstbestimmtes Leben

Die in diesem Buch vorgestellten Informationen und Empfehlungen sind nach bestem Wissen und Gewissen geprüft. Dennoch übernehmen der Autor und der Verlag keinerlei Haftung für Schäden irgendwelcher Art, die sich direkt oder indirekt aus dem Gebrauch der hier beschriebenen Anwendungen ergeben. Bitte nehmen Sie im Zweifelsfall bzw. bei ernsthaften Beschwerden immer professionelle Diagnose und Therapie durch ärztliche oder naturheilkundliche Hilfe in Anspruch.

Sollte diese Publikation Links auf Webseiten Dritter enthalten, so übernehmen wir für deren Inhalte keine Haftung, da wir uns diese nicht zu eigen machen, sondern lediglich auf deren Stand zum Zeitpunkt der Erstveröffentlichung verweisen.

Verlagsgruppe Random House FSC® N001967

Erste Auflage 2018
Copyright © 2018 by Integral Verlag, München,
in der Verlagsgruppe Random House GmbH,
Neumarkter Straße 28, 81673 München
Alle Rechte sind vorbehalten. Printed in Germany.
Redaktion: Dr. Diane Zilliges
Umschlaggestaltung: Guter Punkt, München
Covermotiv: © Ulrike Hirsch
Satz: Satzwerk Huber, Germering
Druck und Bindung: Friedrich Pustet, Regensburg
ISBN 978-3-7787-9281-0
www.Integral-Lotos-Ansata.de
www.facebook.com/Integral.Lotos.Ansata

Inhaltsverzeichnis

Geh über die Brücke – vom Opferdasein
in ein selbstbestimmtes Leben   8

Schritt 1
Übernimm Selbstverantwortung 15

Schritt 2
Erkenne, wie es wirklich ist 21

»Ich bin zu sensibel« 24
»Ich bin enttäuscht von dir« 30
»Immer werde ich betrogen« 36
»Ich schaffe das nicht« 44
»Ich hab kein Geld« 55
»Endlich ist sie tot!« 66
»Ich bin einsam« 71
»Ich hasse meine Beine« 76
»Was ist, wenn mein Haustier stirbt?« 87
»Ich bin wertlos« 94

Schritt 3
Nimm an, was ist 97

Schritt 4
Verzeihe 102

Tipps, um leichter verzeihen zu können. . . . 105
Vergebungssätze 107

Schritt 5
Lebe, was ist...................... 110

Danke 120

Es wird der
Zeitpunkt kommen,
an dem du genau weißt:
Jetzt ist es so weit.
Du musst gehen.
In dein Leben.
Altes hinter dir lassen.
Du setzt einen Fuß
vor den anderen.
Mut ist dein
neuer Begleiter.

Geh über die Brücke – vom Opferdasein in ein selbstbestimmtes Leben

Wie erfährt man eigentlich Lebensfreude?
Gibt es da ein Patentrezept?

In meinen Augen ist es recht einfach: Wenn wir bewusst leben, können wir selbstverantwortlich handeln und als Kapitän unseres Systems die Richtung bestimmen. Das Leben selbst können wir nicht steuern, denn das hält so manche Überraschung für uns bereit. Aber wie wir damit umgehen und inwieweit wir uns darauf einlassen, das haben wir sehr wohl in der Hand. Wer also ein freudvolles Leben führen will, braucht die Bereitschaft, Selbstverantwortung zu übernehmen.

Vieles in unserem Denken und Handeln läuft unbewusst ab. Mechanismen, die uns bereits als Kind geprägt haben, zeigen sich auch heute noch. Menschen in unserem Umfeld drücken Knöpfe, die uns in die Ohnmacht führen. Und wir spielen mit. Weil wir gar nicht wissen, dass es ein Spiel ist. Wir merken nicht, dass wir eine Rolle eingenommen haben, die gar nicht unserer Natur entspricht. Und selbst wenn wir unsere Rollen irgendwann erkannt haben, ist das Ausbrechen gar nicht so leicht. Weil wir uns darin bestens auskennen und diese Rollen schon ewig spielen. Neuland scheuen wir eher.

Mit den folgenden Kapiteln möchte ich dir zeigen, wie man selbstbestimmt leben kann. Dieses Buch ist lebendig, da ich darin viel aus meinem Leben erzähle. Auch wenn ich heute einiges mit einer gewissen Distanz und somit weniger emotional beschreibe, kannst du davon ausgehen, dass mich durch all diese Prozesse unterschiedliche und teilweise intensive Gefühle begleitet haben. Gefühle leiten uns. Sie zeigen uns, wo es etwas zu (er-)lösen gibt. Sie sind da. Automatisch. Tagtäglich.

Gefühle wollen bejahend
gefühlt werden.

Bei den wohltuenden Gefühlen ist das sicherlich kein Problem, aber was ist mit den anderen? Auch die wollen gelebt werden. Nicht in Konfrontation mit anderen Menschen, sondern indem wir bei uns selbst bleiben. Es gibt da viele Möglichkeiten, von denen ich auch in diesem Buch berichte. Wichtig ist auf alle Fälle, sie zu leben, damit innere Freiheit entstehen kann.

Viele Menschen leben im Verdrängungsmodus und deckeln ihre Gefühle, weil sie Angst haben. Angst davor, allein dazustehen. Angst davor, anderen nicht gerecht zu werden. Angst vor Ablehnung. Eines habe ich inzwischen herausgefunden. Angst hat einen Nachteil: Sie hält mich in meinem Leid gefangen. Ich bewege mich nicht. Ich bleibe dort, wo ich bin, und fühle mich immer schlechter. Sie hat natürlich auch einen Vorteil: Sie schützt mich davor, schmerzhafte Erfahrungen zu machen. Doch ist das wirklich ein Vorteil?

Die Frage, die wir uns also stellen dürfen, lautet: Sind wir bereit, Erfahrungen zu sammeln, Fehler zu machen und Täler zu durchschreiten?

Es ist völlig normal, Fehler zu machen. Die macht jeder, der sein Leben in die eigenen Hände nimmt und sich bewegt. Alle Menschen, die handeln, tun auch mal Dinge, die sie später am liebsten wieder rückgängig machen würden.

Na und?

Dazu anstiften tun uns gern unsere inneren Antreiber, und ich kenne meinen größten Antreiber mittlerweile sehr gut. Er heißt »Sei gefällig!«, und ich bemerke immer wieder, dass er sich einschleicht. Mal mehr, mal weniger stark. Wenn ich etwas tue, was gegen mich selbst geht, dann deswegen, um anderen zu gefallen. Deshalb benötige ich immer wieder den Mut, mir selbst treu zu bleiben und alles, was in mir ist, anzuerkennen.

Wir sagen Ja zum Leben, wenn wir nichts verdrängen und leben, was sich zeigt. Das Leben ist keine Kurve, die steil nach oben geht, es gleicht eher einem Meer. Mal ist Ebbe, mal Flut. Mal sind die Wellen höher, mal niedriger. Doch immer sind sie in Bewegung. Das einzig Sichere ist die Veränderung. Alles kommt und geht auch wieder.

Wie ich selbst schon mal schrieb: Wir können die Kinder nicht vor den Erfahrungen des Lebens schützen. Wir können sie nur mit Liebe und Vertrauen stärken, damit sie den Herausforderungen anders begegnen können. Letzten Endes ist das auch auf uns selbst übertragbar. Wir können die Situationen an sich nicht verändern, aber den Umgang mit ihnen. Und damit verändert sich alles. Denn es ist ein Unterschied, ob wir uns als Opfer des Lebens fühlen oder ob wir die Fäden selbst in die Hände nehmen.

In diesem Buch lade ich dich ein, mit mir eine Brücke zu überqueren. Vom jammernden leidenden Opfer bis zum selbstbestimmten Menschen, der sein Leben in die eigenen Hände nimmt.

Bist du bereit, *dein* Leben zu leben und die fünf Schritte zu gehen, die dich in dein selbstbestimmtes Leben führen?

Dann freue ich mich, wenn ich dir die Hand reichen darf.

Herzoffene Grüße
Kerstin

Es gibt einen
Universalschlüssel,
der in nahezu alle
Problemschlösser passt:
Selbstverantwortung.

Schritt 1
Übernimm Selbstverantwortung

Mir wurde vor einiger Zeit diese Frage gestellt: »Bist du bereit, deinen Weg weiterzugehen, auch wenn du die hundertprozentige Verantwortung dafür allein trägst?«

Im ersten Moment war die Antwort klar: »Ja, natürlich – wer sonst?«

Aber die Frage wirkte in mir nach. Und dann wurde die Antwort immer schwammiger. Denn mir wurde bewusst, was es bedeutet, tatsächlich Selbstverantwortung zu übernehmen.

Manche Menschen glauben, sie müssten dann alles selbst machen und immer stark sein. Dem ist aber nicht so. Ich glaube, es heißt, darauf zu achten, dass ich mit mir selbst im inneren Frieden lebe. Dass ich mich leiden mag. Und dass ich zu mir stehe. Egal, was sich im Leben zeigt.

Es kann auch bedeuten, dass ich um Hilfe bitte, weil ich etwas nicht allein schaffe. Sowohl physisch als auch psychisch. In meinem Leben habe ich eines erfahren: Gemeinsam sind wir stärker. Wenn ich etwas allein nicht kann, dann darf ich jemand anderen fragen. Der eine ist dort stark, wo ein anderer schwach ist. Wieso sollten wir uns nicht ergänzen? Wieso sollte jeder seinen eigenen Brei kochen? Wieso Fehler machen, die bereits gemacht wurden? Wieso Hilfe verweigern, wenn die Lösung bereits auf einem Silbertablett serviert wird?

Manchmal sind wir einfach zu stolz. Oder wir haben Angst, jemand könnte sehen, dass wir schwach sind. Dabei sind wir nicht wirklich schwach, nur weil wir nicht alles können. Im Gegenteil: Wir sind stark, wenn wir zugeben, dass wir Hilfe benötigen.

> Wer etwas zu-gibt,
> hat etwas zu geben.

Es verwandelt sich alles, wenn wir Verantwortung auch für jene Seiten in uns übernehmen, die wir nicht so mögen.

Wenn ich für mich selbst verantwortlich bin, geht es auch ums Einlassen – auf das Leben. Und da musste ich mich schon mehrfach fragen: Bin ich wirklich bereit dazu? Will ich wirklich fühlen, was ist? Bin ich bereit, das zu leben, was sich zeigt? Oder will ich immer noch verdrängen? Kann ich meinem Leben ein bedingungsloses Ja schenken? Darf alles so sein, wie es jetzt ist? Oder hadere ich mit der Vergangenheit? Finde ich mich selbst so okay, wie ich bin? Fragen, die ans Eingemachte gehen. Aber sie sind wichtig.

Abgesehen davon, das Wort »Selbstverantwortung« sagt es schon: *Verantwortung* für sich *selbst* zu übernehmen, bedeutet auch, nicht mehr mit dem Finger auf andere Leute zu zeigen. Wenn Gefühle wie Wut oder Ärger hochgespült werden, darf ich mich nach innen wenden. Der andere ist der Auslöser meiner Gefühle. Aber er ist nicht dafür verantwortlich, genauso wenig, wie ich für seine Gefühle verantwortlich bin.

Auf dem Weg zur Selbstverantwortung wird aus einem »Warum passiert das immer mir?« ein »Was habe ich mit dieser Situation zu tun?« Die Bereitschaft, ehrlich in den Spiegel zu schauen, muss vorhanden sein.

Menschen, die böse mit mir umgehen, zeigen mir, was in mir noch gelöst werden darf. Und das ist nicht immer einfach. Will ich das wirklich sehen? Denn auf andere zu schimpfen, das ist wesentlich leichter. Aber genau damit schieben wir die Verantwortung ab.

> Wem wir die Schuld geben,
> dem geben wir auch die Macht über uns.

Es wird Zeit, dass wir aus der Ohnmacht aussteigen und wieder selbst Schöpfer unseres Lebens werden. Nur so ist Handeln möglich. Wir sind selbst in der Lage, unsere Fesseln zu sprengen, indem wir eins tun: die Entscheidung treffen.

> Selbstverantwortung ist kein
> Zufall, sondern die Folge einer
> bewussten Entscheidung.

Wer jetzt sagt, dass das nicht so einfach möglich ist, der will auch nicht. Nicht wirklich. Denn wenn wir in der Tiefe unseres Herzens wollen, ist alles möglich. Dann setzen wir mutig einen Schritt vor den anderen und gehen. Wir stellen uns den Herausforderungen des Lebens und sagen Ja.

Ja, wir sind bereit, die Verantwortung für uns zu übernehmen.

Ja, wir sind sowohl stark als auch verletzlich.

Ja, wir leben, was ist.

Ja, wir fühlen, was gefühlt werden will.

Ja, wir wissen, dass die Sonne da ist, selbst wenn sie von Wolken verdeckt wird.

Ja, wir glauben daran, dass das Leben es gut mit uns meint, auch wenn es anders scheint.

Ja, wir vertrauen darauf, dass es so sein soll, wie es jetzt ist.

Ja, es offenbart sich alles zu seiner Zeit.

Ja, wir sind bereit, uns zu entfalten.

Ja, wir glauben an den Diamanten in uns.

Ja, wir denken lösungsorientiert, weil alles andere uns ans Leid fesselt.

Ja, wir lösen unsere starren Sichtweisen und lassen uns durch Perspektivwechsel bereichern.

Ja, wir sind fähig, Entscheidungen zu treffen.

Ja, wir vertrauen und sind dankbar, dass uns unser Leben geschenkt wurde.

Ja, wir wollen leben!

In dem Moment,
wo dir klar wird, dass das,
was du in deinem Leben
bekommst, genau das ist,
was du brauchst, wird
dein Leben zu einem
Geschenk.

Schritt 2

Erkenne, wie es wirklich ist

Die einen denken, die Zeit steckt voller Chancen, andere haben Angst, dass alles schwieriger wird. Die einen glauben an das Gute und vertrauen, andere zweifeln an sich und dem Leben. Die einen sehen das Licht am Ende des Tunnels, andere sehen die Dunkelheit, von der sie sich umgeben fühlen. Die einen freuen sich auf den Gipfel, andere fürchten sich vor dem Abgrund. Die einen glauben an den Frieden, andere sehen nur Kriege.

Jeder hat seine Geschichte und seine eigene Wahrheit. Wir sollten immer in Betracht ziehen, dass es auch anders sein könnte, als wir gerade glauben. Wenn wir leiden, dürfen wir uns dafür öffnen, dass unsere Wahrheit nicht die einzig richtige sein muss. Oft sind es Glaubenssätze aus der Kindheit, die wir früh übernommen oder erschaffen haben und die uns heute ausbremsen. Dann legt sich ein Schleier von schmerzhaften Gefühlen über uns, und wir können nicht klar denken. Wir sind verstrickt in unsere Emotionen. Das verletzte kleine Ich hat die Macht übernommen. Hilflosigkeit breitet sich aus.

Hilflosigkeit ist ein deutliches Zeichen dafür, dass Gefühle, die in der Vergangenheit gespeichert wurden, in der Gegenwart durch eine Situation oder Person ausgelöst werden. Nicht alles, was sich echt anfühlt, entspricht dem, wie es jetzt wirklich ist.

Ich habe lange überlegt, wie ich diesen komplexen zweiten Schritt am besten rüberbringen könnte, und habe mich entschieden, einige Schlüsselerlebnisse aus meinem Leben zu erzählen. Ich möchte mit dir teilen, wie ich vorher dachte, was ich erkannt habe und wie es jetzt ist. Ich werde dabei unterschiedliche Themenbereiche aufgreifen, sodass sich wahrscheinlich jeder mit irgendeiner Stelle des Buches identifizieren kann.

Das Leben ist *für* dich.
Manchmal führt es dich
nur über den Schmerz
zu deinen inneren Schätzen.

»Ich bin zu sensibel«

Oh ja – ich bin sensibel und kam jahrelang mit meinem Emotionskarussell nicht zurecht: Ständig fuhr es im Kreis. Ich musste über alles sprechen, was mich bewegte. Und das war viel.

Was ich lange Zeit verurteilte, war, dass ich so oft weinen musste. Ich war die »Heulsuse«. Auch heute noch bin ich nah am Wasser gebaut. Es gibt aber einen Unterschied zu früher: Ich habe aufgehört, es weghaben zu wollen. Dabei half mir ganz entscheidend eine Situation, die ich nie vergessen werde.

Als ich vor einigen Jahren zu meinem ersten NLP-Kurs ging, liefen schon auf dem Hinweg unendlich viele Tränen. Ich hatte Angst vor dem, was kommt. Es war Neuland. Aber es war ein wichtiger Schritt. Irgendwie spürte ich in mir etwas, was Anaïs Nin so wundervoll ausdrückte: »Und es kam der Tag, an dem das Risiko, in der Knospe zu verharren, schmerzlicher wurde als das Risiko zu blühen.«

Zu Beginn des Kurses saßen alle Teilnehmer im Kreis, die Leiterin des Instituts erklärte Organisatorisches, aber ich war mit etwas ganz anderem beschäftigt. Mit meinem Heulflash, der sich gerade anbahnte. Ich wollte nicht vor fremden Menschen weinen, konnte meinen Tränenfluss aber auch nicht zurückhalten. Diese Hilflosigkeit, nicht Herr über die eigenen Gefühle zu sein, war schrecklich für mich. So entschied ich mich, den Raum zu verlassen. Noch bevor ich die Tür hinter mir geschlossen hatte, kam ein tiefes Schluchzen aus mir heraus. Nun wussten alle: Kerstin weint. Warum so viele Tränen herauswollten, hätte ich nicht wirklich erklären können. Es war halt so. Und ich fand es furchtbar.

Nach ein paar Minuten hatte ich mich beruhigt und ging in den Raum zurück. Die Vorstellungsrunde war im Gang. Ich weiß gar nicht mehr so genau, was ich damals zu meiner Person sagte, aber ich erinnere mich, dass ich mich für meine Tränen, die auch in diesem Moment wieder über meine Wangen rollten, entschuldigte. Ich fühlte so eine Schwäche! Wie so oft, wenn ich meine Tränen nicht beherrschen konnte.

Es ging in den darauffolgenden Kursen genauso weiter. Zu Beginn standen wir Hand in Hand im Kreis, und die Trainerin führte uns durch eine Art Meditation, um im Jetzt anzukommen. Und was machte ich? Ich verließ den Raum, weil ich mit meinem Schluchzen niemanden stören wollte.

Im Laufe der darauffolgenden Kurswochenenden wurden die Tränen weniger. Sie waren immer noch da, doch ab dem vierten Wochenende blieb ich im Raum.

Am Ende des ersten Jahres wurden wir zu einer Übung aufgerufen. Sie nannte sich »Feedbackrunde«. Es wurden kleine Gruppen gebildet, und es ging darum, den anderen Teilnehmern zu sagen, welche positive Veränderung man an ihnen festgestellt hatte.

Einer der Teilnehmer sagte folgenden Satz über mich: »Kerstin war für mich der Eisbrecher. Ich glaube, sie hat mit ihren Tränen viele von uns unbewusst aufgefordert, ihre Gefühle zu zeigen. Mir hat es sehr geholfen, dass sie sich so offen zeigte. Ich glaube, dadurch ist die ganze Gruppe näher zusammengekommen.«

Puh, das ging tief rein. Du kannst dir sicher vorstellen, was in mir abging. Mir kamen die Tränen. Ich war gerührt. Diese neue Sichtweise brachte mich völlig durcheinander, zumal die anderen Teilnehmer zustimmten.

Meine Tränen, die ich so verdammte, sollten anderen Menschen geholfen haben?

Erst später kapierte ich, dass ich da einen Schatz in mir trage, den ich lange Zeit weghaben wollte: Gefühle zeigen zu können. Und ich begriff, dass er nicht nur anderen dient, sondern auch mir selbst. Wenn ich meine Gefühle leben kann, bin ich frei. Wenn mir egal ist, was andere über mich denken, kann ich sein, wie ich bin. Mit Höhen und Tiefen, Hellem und Dunklem.

*Ich bin nicht Entweder-oder,
sondern Sowohl-als-auch.
Ich bin beides.*

Das, was ich verinnerlicht habe: Meine Sensibilität – sie ist ein Geschenk. Und so ist es nicht nur bei mir. Auch bei anderen Menschen stelle ich immer wieder fest, dass sich in dem, was sie ablehnen, ein Schatz verbirgt. Den können sie aber nicht erkennen, solange sie ihre Einzigartigkeit verurteilen.

Aus meinem »Ich bin zu sensibel« wurde durch das Feedback diese Kursteilnehmer von jetzt auf gleich etwas anderes: Dankbarkeit.

Deshalb möchte ich dich ermutigen, deine vermeintlichen Schwächen oder das, was du gerade an dir ablehnst, anders zu betrachten.

Welche positive Eigenschaft hat das, was du weghaben möchtest?

Was würde sich verändern, wenn es okay wäre, dass es jetzt so ist?

Inwiefern dient es dir oder anderen Menschen im Leben?

Dich hat jemand
ent-täuscht?
Sei ihm dankbar.
Er hat dir die Täuschung
genommen.

»Ich bin enttäuscht von dir«

Mein halbes Leben war ich enttäuscht von anderen Menschen, weil sie sich nicht so verhielten, wie ich es gern gehabt hätte. Ich hatte oft das Gefühl, von unachtsamen Walzmaschinen umgeben zu sein. Aber die Wahrheit war und ist eine ganz andere:

> Das Gefühl der Enttäuschung
> trage ich in mir.
> Es ist *mein* Gefühl.
> *Ich* trage dafür die Verantwortung.

Wir sind nie enttäuscht von dem, was ein anderer tut oder nicht tut, sondern darüber, dass unsere Erwartung nicht erfüllt wurde. Eigentlich müssten wir dem anderen dankbar sein, denn er hat unserer Illusion ein Ende gesetzt. Er hat uns ent-täuscht. Die Täuschung ist aufgeflogen. Die Wahrheit kam ans Licht.

Dieses Gefühl kann schmerzhaft sein. Deshalb wollen wir es nicht fühlen. Wir meinen dann, wir wären vom anderen oder vom Leben betrogen worden. In Wirklichkeit haben wir aber die Situation oder den Menschen nur anders eingeschätzt. Wir dürfen von einer Illusion, die wir uns aufbauten, Abschied nehmen.

Enttäuschungen sind also letztlich etwas Positives. Nur brauchen wir oft Zeit, dies zu erkennen.

Was können wir tun, um das Gefühl der Enttäuschung zu mindern?

Bedürfnisse äußern

Oft sind Erwartungen an andere mit eigenen Bedürfnissen oder Wünschen gekoppelt, die aber nicht kommuniziert werden. Manchmal, vor allem in Partnerschaften, setzen wir voraus, dass der andere uns doch »gut genug« kennen müsste, um uns unsere Wünsche zu erfüllen. Wenn wir unsere Bedürfnisse aber nicht äußern, können wir nicht davon ausgehen, dass der andere davon weiß und auf sie eingehen kann.

Offen kommunizieren

In der Kommunikation gibt es sogenannte verdeckte Transaktionen. Meine Oma zum Beispiel sagte Sätze wie »Ich bräuchte jetzt mal meine Tabletten!«. Wenn dann niemand von uns aufgesprungen ist, um sie zu holen, war sie enttäuscht. Hinter ihrem Satz verbarg sich: »Könntest du mir bitte meine Tabletten holen?« Doch das sagte sie nicht.

Wenn wir eine offene Kommunikation pflegen und die Menschen direkt ansprechen und konkret um etwas bitten, kommunizieren wir klarer.

Hohe Erwartungen an sich selbst überprüfen

Es passiert häufig, dass Menschen an sich selbst hohe Erwartungen haben. Diese werden dann gern auf andere übertragen. Gerade die, deren Perfektionismus ausgeprägt ist, werden in Enttäuschungen einen Spiegel dafür finden. Sie werden durch den anderen daran erinnert, auch selbst mal wieder etwas gelassener zu werden.

Den Spiegel erkennen

Wenn jemand ein mangelndes Selbstwertgefühl hat, neigt er dazu, sich von anderen etwas zu wünschen, was diese aber gar nicht erfüllen können. Es ist meist auch gar nicht ihr Job. Uns selbst zu lieben, das ist nicht die Aufgabe von einem anderen, sondern unsere eigene.

Den freien Willen akzeptieren

Wichtig ist, bei alledem vor allem zu akzeptieren, dass jeder einen freien Willen hat. Wir können unsere Wünsche äußern, was aber nicht heißt, dass sie erfüllt werden. Aus einem »Muss« sollte ein »Kann« oder »Darf« werden.

Sich aus der Abhängigkeit lösen

Wenn wir uns von dem Gedanken lösen, dass der andere unsere Erwartungen erfüllen muss, werden verletzte Gefühle deutlich seltener. Wir leiden weniger, wenn wir erfüllte Erwartungen als Geschenk empfinden und nicht als Bringschuld oder Selbstverständlichkeit. Sicherlich bedarf dies eines Umdenkens, aber es ist möglich, das zu üben. Es wird umso leichter, je öfter wir es uns ins Bewusstsein rufen.

Andere Perspektive einnehmen

Gerade, wenn wir in unseren Emotionen verstrickt sind, ist es uns nicht möglich, objektiv auf eine Situation zu schauen. Deshalb brauchen wir eine andere Perspektive. Eine gute Übung ist es dann, die Namen der Personen, die in unsere Enttäuschung verwickelt sind, auf Blätter zu schreiben und diese auf den Boden zu legen. Wir selbst stellen uns dann auf einen Stuhl und schauen von oben: Was geschieht gerade wirklich? Wie geht es den anderen? Welche Gründe könnte es für ihr Verhalten geben? Dieser Perspektivwechsel schafft Distanz. Auch zu unseren Gefühlen. Und Distanz kann dazu führen, klarer zu sehen.

Letztlich wünsche ich uns allen, dass wir die Botschaft hinter jeder Enttäuschung erkennen. Dass wir uns durch unser Hadern nicht länger blockieren und die Wahrheit mit offenen Armen empfangen. Wir tragen selbst die Verantwortung für uns und unsere Gefühle. Andere lösen sie nur aus. Mögen wir uns stets daran erinnern.

Alles, was dich trifft,
betrifft dich auch.

»Immer werde ich betrogen«

Sowohl in Partnerschaften als auch in Freundschaften ist mir das Thema Betrug sehr häufig begegnet. Ich war immer das Opfer. Mir wurde Böses angetan.

Wie konnten andere nur so mit mir umgehen? Warum immer ich?

Ja, das waren die Fragen aller Fragen. Ich könnte hierzu von vielen Begebenheiten aus meinem Leben ausführlich erzählen, aber das würde den Rahmen dieses Buches sprengen. Deshalb möchte ich nur ein paar Situationen erwähnen.

Es gab mal einen Freund, von Beruf Vermögensberater. Fast täglich trafen wir uns. Ihm vertraute ich mein Geld an. Er wirtschaftete damit auch ganz gut, allerdings in seine eigene Tasche. Fast fünf Jahre ließ ich mich hinhalten. Er erzählte mir ein Märchen nach dem anderen. Erst als die Polizei ihn abführte, wurde mir klar, was wirklich los war. Meine fünftausend Euro habe ich nie wieder gesehen.

Dann gab es diesen Mann, dem ich half, sein Leben auf die Reihe zu kriegen. Dachte ich zumindest. Immer wieder lieh ich ihm kleinere Geldbeträge. Bis ich ihn aufforderte, Klarheit zu schaffen. Ich wollte wissen, wann er die Beträge zurückzahlt. Daraufhin tauchte er unter. Er hatte nur eine Handynummer. Ich erreichte ihn nicht mehr. Aber er hatte mir so viel von sich erzählt, dass ich die Nummer seiner Eltern herausfand. Durch ein Telefonat mit ihnen erfuhr ich dann von seiner Spielsucht und erkannte auch, dass ich nicht die Erste war, die auf seine Masche hereingefallen war.

Oder da war der Mann, der mir durch seine sympathischen Blogartikel auffiel. Ich chattete mit ihm, wollte ihn real treffen. Wir tauschten uns schriftlich aus, seine beste Freundin lernte ich schon bald persönlich kennen. Und so schrieb ich mit beiden und war fasziniert, wie nah wir uns schon waren. Innerhalb von drei Monaten hatte ich mich durch den intensiven Austausch in ihn verliebt. In seine einfühlsame, vertraute Art, die er mir entgegenbrachte. Aber ich hatte ihn noch nicht einmal gesehen.

Irgendwann bemerkte ich, dass die beiden in ihren Blogartikeln die gleichen Rechtschreibfehler machten. Ich konnte es echt nicht fassen! Sollte wirklich diese Freundin hinter beiden Accounts stecken? Einer Bekannten, die auch auf dieser Internetplattform mit ihr befreundet war, erzählte ich von meinem

Verdacht. Sie half mir, das Ganze aufzudecken. So flog auf, dass diese Frau tatsächlich auch sein Profil verwaltete. Der Mann existierte nur als Luftschloss.

Diese Begebenheit setzte dem Ganzen den i-Punkt auf. Das Betrugsfass war voll!

Es ging mir richtig schlecht. Wenn du betrogen wirst, schimpfst du nicht nur auf die Menschen, die dir das angetan haben, du stellst dich selbst komplett infrage. Und so kam eines zum anderen. Selbstzweifel und Selbstmitleid machten sich in mir breit. Ich war schon wieder auf jemanden hereingefallen. So schien es mir zumindest.

Doch es eröffnete mir einen weiteren Schritt in Richtung Selbsterkenntnis. Ich weiß nicht genau, wann ich die Zusammenhänge begriff und verinnerlichte. Es passierte einfach im Rahmen meiner Persönlichkeitsentwicklung, dass ich die Gesetzmäßigkeiten des Lebens zu verstehen begann. Jedenfalls war mir irgendwann klar:

> Ich wurde nur deshalb betrogen,
> weil ich selbst auch betrog.

So war es wirklich, obwohl ich von mir selbst sagen würde, dass ich ein ehrlicher Mensch bin. Aber es ist Fakt: Ich habe betrogen. Am allermeisten mich selbst. Weil ich ganz viel tat, um anderen zu gefallen.

Ein paar spontane Beispiele dazu?

Ich schrieb zu allen möglichen Festen Postkarten wie ein Weltmeister, sogar an Menschen, von denen ich jahrelang nichts mehr gehört hatte. Hauptsache, die anderen mochten mich.

Ich hatte schon in der Schule Angst davor, zu fragen, auf die Toilette gehen zu dürfen. Manchmal machte ich mir sogar in die Hose. Hauptsache, ich störte den Unterricht nicht, und der Lehrer war nicht böse mit mir.

Ich lernte Bürokauffrau, dabei war schon früh erkennbar, dass ich etwas Kreatives machen wollte. Aber Hauptsache, ich hatte etwas Vernünftiges gelernt.

Was mir solche Beispiele zeigen: Ich verleugnete mich und meine Fähigkeiten mein halbes Leben lang.

Ich hatte Angst, zu mir und meinen Gefühlen zu stehen oder meine Gedanken auszusprechen, weil ich nicht wollte, dass jemand böse auf mich oder enttäuscht von mir war. Ich wollte von allen geliebt werden. Kritik war für mich ganz schlimm, deshalb versuchte ich ihr aus dem Weg zu gehen, indem ich das tat, was anderen gefiel.

Dabei rutschte ich immer weiter in die Opferrolle, ohne dass ich mir dessen bewusst war. Ich war mir damals ganz sicher, dass die viel besprochenen Gesetzmäßigkeiten nicht stimmen können. Dieses »Man erntet, was man sät« konnte nicht wahr sein. Ich fühlte mich sogar zu gut für diese Welt. Eigentlich hätte man mir für meine Dienste einen Orden verleihen müssen. Doch stattdessen wurde ich, die immer alles für andere tat, belogen und betrogen. Gerechtigkeit war in meinen Augen etwas anderes.

*Aber ich musste
irgendwann erkennen:
Wir können nicht zu gut sein
für diese Welt.*

Ich war zwar gut zu anderen, aber nicht aus dem Herzen heraus, sondern um meine eigenen Löcher zu stopfen. Ich war gefällig, damit ich etwas zurückbekam. Das hat allerdings nichts mit Großzügigkeit zu tun. Es ist letzten Endes das Betteln um Liebe und

Aufmerksamkeit. Man könnte es auch Egoismus nennen. Ich wollte von anderen das, was ich mir selbst nicht geben konnte.

Dieses Muster zog sich durch mein halbes Leben. Bis ich verstand, dass mir der Betrug im Außen nur mein Inneres spiegelte.

Wenn ich nun auf meine letzten Jahre blicke, so kann ich sagen, dass viele wohlwollende Menschen in mein Leben strömten. Das führe ich auf etwas ganz Entscheidendes zurück: Ich versuche nämlich inzwischen, so ehrlich wie möglich mit mir selbst zu sein und vertraue mir selbst viel mehr. Ich höre auf meine Intuition, auch wenn das für meinen Kopf oft keinen Sinn macht. Manchmal kommen auch heute noch Menschen in mein Leben, wo mir diese innere Stimme zuflüstert: »Lass die Finger davon.« Und auch wenn ich keinen Grund erkennen kann, höre ich darauf.

Ich behaupte, dass jeder von uns diese innere Führung hat. Die Frage ist: Wie gut sind wir mit uns selbst in Kontakt? Vertrauen wir uns?

Der mehrfache Betrug war aus heutiger Sicht für mich ein Geschenk, denn ich durfte erkennen, wo ich mich selbst oder andere Menschen im Leben betrüge.

Wenn du also das nächste Mal belogen wirst, wende dich nach innen und schau, wo du in deinem Leben lügst. Dort liegt der Schlüssel zur Wahrheit.

Glaube nicht alles,
was du denkst.

»Ich schaffe das nicht«

Es war im NLP-Kurs, zweites Modul, als die Trainerin vor der Mittagspause sagte: »Zieht euch für den Nachmittag festes Schuhwerk an. Wir gehen raus.«

Der Satz an sich war nicht schlimm. Für mich jedoch schon. Denn ich hatte jetzt genau neunzig Minuten Zeit, um mit meinen Gedanken Karussell zu fahren. Und das konnte ich zu der Zeit prima.

Bevor wir losmarschierten, war ich felsenfest davon überzeugt, dass ich den Weg nicht schaffen und in der Gruppe wieder die Letzte sein würde, dass sich die anderen über mich lustig machen würden, dass mir die Füße wehtun, mein Rücken schmerzen und ich der Versager des Tages sein würde. So, wie ich es schon seit der Schulzeit kannte.

Sicher weißt du, wie sich solche verurteilenden Gedanken körperlich auf uns auswirken. Ich hatte schon Tränen in den Augen, als wir uns vor der Tür versammelten. Ich atmete doppelt so schnell, dabei waren wir noch keinen Schritt gegangen. Meine Gedanken machten mich so fertig, dass ich mich wie immer als Opfer fühlte und bereits erschöpft war, bevor es losging.

Es wurde uns dann erklärt, dass wir ein sogenanntes Elementespiel machen. Ich bin vom Sternzeichen Fisch und wurde demnach dem Element Wasser zugeordnet. Das Seminarhaus war weit oben im Odenwald. Wasser findet man aber eher im Tal. Was bedeutete: Wir mussten irgendwo runter. Weit runter. Unerreichbar weit runter. Denn unsere Aufgabe war es, den anderen Gruppen unser Element auf allen Sinneskanälen näher zu bringen.

Wir gingen los. Erst einen langen Weg runter und dann einen langen Weg rauf bis zum Gebäude der Bibliothek des Instituts. Auf dem Weg runter wusste ich schon, dass ich den Weg rauf niemals schaffen würde. Und so ging ich wie ein Häufchen Elend mit ein paar Teilnehmern am Ende der Gruppe. Und wenn ich »Elend« schreibe, meine ich »Elend«. Ich war kurz vorm Hyperventilieren, heulte die halbe Zeit und konnte nicht mehr vernünftig atmen. Die Teilnehmer neben mir wollten gern helfen, aber ich hatte bloß ein wehleidiges, trotziges und armseliges »Ihr könnt mir nicht helfen« auf Lager. Außerdem schmerzten meine Füße – und überhaupt: Alles war doof.

Die Gruppe wartete schon oben auf dem Berg. Und was dann kam, ist ein Klassiker: Du kommst hundekaputt irgendwo an, wo eine Gruppe auf dich wartet, und kaum bist du da, geht es weiter. Die Gruppe hat sich ja derweil fein ausgeruht. Ich war jedenfalls psychisch und physisch am Ende. Und alle stiefelten sofort wieder los. In einen angrenzenden Wald. Richtig steil bergab. Das war zu viel für mich. Ich sagte zu denen, die wieder mit mir hinten geblieben waren, sie sollten gehen, ich würde allein oben bleiben, denn eins war mir klar: Aus diesem Gebüsch würde ich ganz sicher nie wieder rauskommen.

Und so stand ich dann ganz allein auf dem Weg. Ich kam mir vor wie der größte Versager, den es weit und breit gab. Ich fühlte mich dick und hässlich, Füße und Rücken schmerzten und ich weinte mir die Seele aus dem Leib.

Und dann kam die Trainerin aus dem Wald. Direkt auf mich zu. Bis zu dem Zeitpunkt war sie wirklich immer nett zu mir gewesen. Doch nun platzte ihr der Kragen. Aus heutiger Sicht glaube ich zu wissen, wieso. Sie hatte wahrscheinlich schon lange begriffen, was ich mit mir selbst veranstaltete. Und so fuhr sie mich borstig an: »Kerstin, du hast dich für einen Kurs in einer Gruppe entschieden, nun integriere dich auch!«

Das war zu viel für die kleine Kerstin, die hilflos ihren Gefühlen ausgeliefert war. Ich weinte noch mehr und starrte in den Himmel, denn mein Nacken wurde plötzlich steif. Die Trainerin sagte energisch: »Schau auf den Boden, nimm Kontakt zur Erde auf!«

Das Einzige, was ich entgegnen konnte, war: »Es geht nicht!« Ich heulte wie ein Schlosshund. Nach einigem Hin und Her wurde die Trainerin wieder sanfter, obwohl sie, im Nachhinein betrachtet, genau richtig reagiert hatte. Ich sagte ihr, weiter in den Himmel guckend, dass es mir zu anstrengend sei, und endlich kamen mitfühlende Worte. So langsam konnte ich wieder nach unten schauen und mich beruhigen. Jetzt dachte ich, es wäre geschafft. Doch dann folgten diese Worte: »Jetzt nehme ich dich an die Hand, und wir gehen gemeinsam in den Wald hinunter.«

Oh, mein Gott! Meine Gedanken fuhren wieder Achterbahn. Aber ich nahm vertrauensvoll ihre Hand und ging mit. In den Wald. Also richtig Wald. Kein Weg. Nur Wald. Gestrüpp und Äste auf der Erde. Der reinste Horror für mich. Wie sollte ich da je wieder rauskommen? Unten angekommen, sah ich auch schon den kleinen Bach plätschern. Endlich. Wir waren da. Die Gruppe war weit vor uns sichtbar. Und dann sagte die Trainerin: »Kerstin, komm, wir gehen über den Bach auf die andere Seite, dort ist es ebener.«

Wir haben also eine schmale Stelle gesucht und sind dann mit zwei Schritten auf die andere Seite gehüpft. Was bis zu diesem Zeitpunkt niemand wusste: Menschen mit über hundert Kilo Gewicht sacken im Sumpf ein. Und so blieb ich mit meinen Schuhen stecken. Ich konnte nicht mehr weitergehen und hatte Angst, noch tiefer nach unten zu sinken. Hilfe suchend rief ich die Trainerin. Die schaute zurück und meinte: »Dann gehst du halt barfuß weiter!«

Was? Ich und barfuß? Ich hasste es. Aber ich sah auch keinen anderen Ausweg. Deshalb fragte ich nur: »Und was ist mit meinen Schuhen?« Denn die brauchte ich, weil ich keine anderen dabeihatte. Schließlich waren dort die teuren Einlagen drin. »Die ziehen wir dann raus und tragen sie in den Händen.«

Und als wenn das nicht schon gereicht hätte, schrie die Trainerin noch nach vorn in die Gruppe: »Kerstin braucht Hiiiiiilfe!«

Boah, was für eine Blamage! Am liebsten wäre ich im Erdboden versunken. Der Anfang war ja schon gemacht. Die Füße steckten bereits drin.

Nun kamen zwei Teilnehmer aus dem Kurs und zogen meine Schuhe heraus. Ich bin wieder auf die andere Seite des Bachs gehüpft und auf Socken weitermarschiert.

Ich kam mir vor wie ein kleines Nichts. Das Fass war voll. Ich wurde total aggressiv und war sauer – auf mich, auf das Leben, auf einfach alles. Ich ging noch ein paar Schritte bis zu einem Baum, umkrallte ihn und schrie aus Leibeskräften meine Wut heraus: »Aaaaaaaaaaaah!«

In dem Moment guckte die Trainerin zurück, betrachtete mich mit meinen herablaufenden Tränen und sagte: »Ja, Kerstin, weiter so, mehr davon!«

Das war der Moment, in dem alles kippte. Die Aggression verwandelte sich in Kraft. Ich ging auf Socken weiter über Äste und Steine, als wäre dort geteert. Obwohl ich das Barfußgehen hasste. Ich fühlte mich in diesen Minuten so tief mit Mutter Erde verwurzelt wie nie zuvor in meinem Leben.

Wir fanden eine Stelle, an der für alle Teilnehmer Platz war, und brachten der Erdegruppe unser Element Wasser auf allen Sinneskanälen näher. Danach sollten wir tauschen. Die Trainerin meinte grinsend zu mir: »Ich denke, du hast heute schon genug vom Element Erde.« Da musste ich echt lachen. Dann meinte sie: »Siehst du diesen Pfad hier? Geh ihn in deinem Tempo hoch. Du kommst zur Bibliothek und kannst dann allein zum Seminarhaus gehen. Geh so, dass es für dich okay ist. Es gibt genügend Bänke auf dem Weg, du kannst jederzeit Pause machen.«

Ich antwortete etwas, weniger zu ihr, sondern vielmehr zu mir selbst. Einen Satz, den ich in diesem Moment verinnerlichte und der bis heute Bestand hat: »Ja, ich gehe in meinem Tempo und gebe auf mich acht.«

Daraufhin verließ ich die Gruppe und ging los. Aber schon nach ein paar Schritten setzten die alten Gedanken ein: Gleich tun dir die Füße weh ... Der Rücken schmerzt ... Das schaffst du nicht ... Der Weg ist so steil ... Als ich das bemerkte, blieb ich stehen und sagte laut und deutlich: »Stopp, ihr Stimmen! Jetzt übernehme ich das Ruder!«

Entschlossen putzte ich oberflächlich meine Schuhe, schlüpfte wieder hinein, auch wenn noch alles mit Matsch bekleckert war. Mir war in dem Augenblick bewusst, dass ich bloß Opfer meiner Gedanken war, und so benötigte ich einen neuen Schlachtplan. Ich überlegte, was ich jetzt am allermeisten brauchte, um unversehrt im Seminarhaus ankommen zu können. Und da waren sie. Drei Dinge, präsent und klar: Selbstvertrauen, Kraft und Leichtigkeit.

An dem Tag machte ich die drei Worte zu meinem Mantra. Ich setzte einen Schritt vor den anderen und sagte die ganze Zeit: »Selbstvertrauen, Kraft, Leichtigkeit. Selbstvertrauen, Kraft, Leichtigkeit ...« Immer und immer wieder – bis zum Seminarhaus.

Was das veränderte?
Alles.

Den Weg zurück schaffte ich trotz meiner damals über 160 Kilo ohne Pause. Als ich am Haus ankam, fühlte ich mich kraftvoll. Ich war stolz auf mich. Ich hatte psychisch und damit auch physisch Grenzen gesprengt. Am darauffolgenden Tag wunderten sich alle, dass ich nicht mal Muskelkater hatte.

Seit diesem Tag habe ich verstanden, was ich selbst mit mir veranstalte, wenn ich meinen verurteilenden Gedanken glaube und meine, etwas nicht zu können. Es führt dazu, dass ich leide und mich als Opfer meiner Umwelt, meines Körpers und des Lebens fühle.

Es kommt auch heute noch manchmal vor, dass sich diese Gedanken, etwas nicht zu können, bei mir einschleichen. Und dann erinnere ich mich an diese Situation und den Weg, den ich gegangen bin. Sofort weiß ich wieder, wozu ich fähig bin, wenn ich meine Gedanken ändere.

An dem Tag hat sich ein Mut entpuppt, der mich nun durch mein Leben trägt. Sehr oft habe ich seitdem zu etwas Ja gesagt, obwohl ich davor Angst hatte. Was nicht heißt, dass die Angst dann fort war. Aber ich glaubte meinen begrenzenden Gedanken nicht mehr, weil die Erfahrung im Sumpf mich etwas anderes gelehrt hatte.

Besonders in den letzten Jahren durfte sich die Angst in Vertrauen verwandeln. Ich habe mutig Entscheidungen getroffen und so vieles zum ersten Mal getan, auch wenn das oft Bauchgrummeln verursachte.

Neben den begrenzenden Gedanken gab es in mir immer auch eine Stimme, die genau danach schrie: nach dem Abenteuer des Lebens. Nach Neuland.

Heute nenne ich diesen inneren Ruf »Seelenplan«. Er fordert uns regelrecht dazu auf, bejahend nach innen zu schauen. Nicht mehr wegzulaufen, sondern hinzusehen, hinzuhören und zu handeln. Deshalb wünsche ich auch dir den Mut, hinter diese begrenzenden, unwahren Gedanken zu schauen.

> Welche inneren Stimmen sind in dir,
> die endlich erhört werden wollen?
> Wonach sehnt sich deine Seele?
> Was will verwirklicht werden?

Wir sind nicht auf dieser Erde, um darauf zu warten, dass etwas passiert, was uns erlöst. Das müssen wir selbst tun. Und ich behaupte, das weiß auch jeder.

Lebendig werden wir erst, wenn wir uns unseren Ängsten stellen, die Herausforderungen annehmen und gehen. Einen Schritt nach dem anderen.

Freiheit ist ein
Kind der Liebe.

»Ich hab kein Geld«

Wenn ich ehrlich bin, weiß ich gar nicht, wann dieses Thema genau anfing. Es begann womöglich schon viel früher, als mir bewusst ist.

Als Kind schon war ich ziemlich bunt. Ich fühlte viel, war sensibel und fand irgendwann heraus: Wenn es mir schlecht geht und ich jammere, bekomme ich Aufmerksamkeit.

Was tat ich also, um geliebt zu werden?
Genau – ich wurde zum Problemkind.

So sorgte man sich wenigstens um mich, und ich bekam Zuwendung. Auf diese Weise kannte ich mich recht schnell im Leid aus. Natürlich war auch Fröhlichkeit da, aber die Aufmerksamkeit, die meinem Gejammer folgte, brauchte ich dringend. Denn ich wollte beachtet werden, weil ich mir selbst nicht genügte.

Nach meiner Lehre als Bürokauffrau war ich noch sechs Jahre in diesem Bereich tätig, bis ich durch Krankheit arbeitslos wurde. Aus der Arbeitslosigkeit heraus machte ich mich im Networkmarketing selbstständig. Da ich aber meinen Weg nicht kannte und alles andere als selbstverantwortlich handelte, lief ich wieder Zielen hinterher, die gar nicht meine waren. Hauptsache, Erfolg! Ja, ich wollte genauso erfolgreich werden wie Papa. Ich wollte ihm beweisen, dass ich auch wer bin. Papa sollte stolz auf mich sein. Ich wollte, dass er mich liebt. Damals dachte ich, dass er mich nur liebt, wenn ich Erfolg habe.

In dieser Zeit war Erfolg für mich mit Statussymbolen und Geld verknüpft. Hauptsache, nach außen etwas darstellen. In der ersten Zeit im Networkmarketing funktionierte das auch ganz gut. Bis meine Cousine tödlich verunglückte. Dann funktionierte für ein paar Monate gar nichts mehr, und ich musste mir zum ersten Mal Geld leihen – von Papa.

Auch wenn ich als Selbstständige kaum Einnahmen hatte, die laufenden Kosten blieben. Und so rutschte ich von Jahr zu Jahr mehr in die Schulden. Bis ich an einem Punkt war, wo nichts mehr ging. Das ganze System krachte über mir zusammen. Ich musste alle Karten offen auf den Tisch legen. Die Schulden offenbarten aber auch ihre Botschaft. Sie standen dafür, dass ich mich schuldig fühlte, in meinem Leben nichts auf die Reihe bekam und sich meine Eltern ständig um mich sorgen mussten.

Ein Teufelskreis.

Was ich mir mittlerweile wunderbar angeeignet hatte, war der Satz: »Ich hab kein Geld.« Damit konnte ich besonders bei Mama und Papa Aufmerksamkeit erzeugen. Ich hatte diesen Gedanken schon so oft gedacht und ausgesprochen, dass ich ihm Glauben schenkte. Es war ja auch so. Irgendwas war immer, wofür mein Geld nicht reichte. So ist das halt mit den Glaubenssätzen. Wir glauben etwas und gehen davon aus, es ist wahr, weil wir in unserer Realität genau das immer wieder vorfinden.

Aber nur, weil uns Situationen im Leben begegnen, die uns leiden lassen, heißt das nicht, dass unsere Gedanken wahr sind.

Selbst als ich nach meiner Pleite freiberuflich in der Telefonakquise tätig war und gutes Geld verdiente, sagte ich immer noch: »Ich hab kein Geld.« Ich erzählte von allem, was in meinem Leben nicht gut lief, was ich an hohen Rechnungen hatte, dass es gerade einen Monat lang schlecht gelaufen war und so weiter.

Bis mir genau das bewusst wurde. Ich wusste plötzlich: Wenn ich aus dem »Ich hab kein Geld«-Muster aussteigen wollte, musste ich Verantwortung für mein Leben übernehmen.

Denn Fakt war: Wenn ich keine Verantwortung übernehme, würden Mama und Papa immer das Gefühl haben, dass ich mein Leben nicht allein geregelt bekomme. Also werden sie Verantwortung für mich übernehmen wollen. Egal, wie alt ich bin.

Loslassen geschieht von beiden Seiten: Die Kinder lassen los, indem sie die Verantwortung für ihr Leben übernehmen. Die Eltern lassen los, indem sie darauf vertrauen, dass die Kinder ihren Weg gehen, auch wenn es nicht immer danach aussieht.

Mir war klar: Ich bediene die Muster zu mindestens 50 Prozent. Also bin ich auch in der Lage, etwas zu verändern.

Ich war inzwischen fünfunddreißig Jahre alt und sah mich immer noch als Problemkind. Natürlich nicht bewusst, aber mein Unglücklichsein spiegelte wider, wie sehr ich in der Opferrolle festhing, anderen Menschen die Schuld für mein Leiden gab und mich selbst ablehnte.

In den NLP-Kursen entwickelte ich mich und traf eine wichtige Entscheidung: Ich wollte auf die Sonnenseite des Lebens wechseln. Ich beschloss daher, künftig weder Mama noch Papa von den Dingen zu erzählen, die in meinem Leben nicht rundliefen. Genau das Gegenteil wollte ich ab sofort tun und ihnen von den schönen Momenten in meinem Leben erzählen.

Ich gestehe: Das war für mich die allergrößte Herausforderung. Durch diese Entscheidung wurde mir erstmals bewusst, wie oft ich mich mit meinen Eltern übers Leid verbunden hatte. Von einer Begebenheit möchte ich erzählen. Sie steht symbolisch für viele ähnliche Situationen, die in der Summe genau den Unterschied ausmachten.

Zu dem Zeitpunkt wohnte ich zweihundert Kilometer von meinem Elternhaus entfernt und fuhr regelmäßig, alle vier bis sechs Wochen, in die Heimat. Als Sorgenkind bekam ich dann von meiner Mama jedes Mal fünfzig Euro Spritgeld zugesteckt. Sie glaubte meinem Glaubenssatz »Ich hab kein Geld« ebenso. Ich hatte ihn ihr ja oft genug vorgebetet.

Eltern wollen immer, dass es den Kindern gut geht, wissen aber manchmal durch die Muster, die schon ewig gelebt werden, nicht, was »gut gehen« eigentlich bedeutet.

Das merkte ich in einem persönlichen, emotionalen Gespräch mit meinen Eltern, bei dem ich mich aus diesen Mustern befreie. Ich erzählte Papa davon, immer noch in der Opferrolle, es sei nicht gut gewesen, dass er mir finanziell so oft unter die Arme gegriffen habe. Doch er verstand es nicht und meinte: »Aber ich habe es doch immer gut gemeint.« Ich entgegnete: »Es geht nicht darum, wie du es gemeint hast. Es geht darum, wie ich mich damit fühle.«

Wenn ich heute jemandem Geld leihe, frage ich mich tatsächlich: Helfe ich dem anderen jetzt wirklich? Untergrabe ich nicht in Wirklichkeit seine Würde? Inwieweit vertraue ich ihm, dass er seine Situation allein geregelt bekommt? Oder stärke ich seine Minderwertigkeit?

Die Situation damals änderte sich zunächst wenig. Ich verdiente zwar in der Telefonakquise bald gutes Geld, hatte aber noch Schulden, die abgezahlt werden mussten. Dementsprechend hätte ich meinen Eltern durchaus viel Negatives erzählen können. Aber da ich entschieden hatte, auf die Sonnenseite zu wechseln, gehörte eine Fokusänderung mit dazu. Ich wollte die guten Seiten sehen und erzählen.

> In meinen Augen gibt
> es da auch nur einen Weg:
> raus aus der Komfortzone!

Wenn ich jammere, darf ich mich nicht wundern, wenn alles so schlimm bleibt, wie es ist. Denn als Jammerlappen bin ich Opfer. Als Opfer kann ich nicht handeln. Und ohne Handeln kann sich nichts verändern, und Weiterentwicklung ist nahezu unmöglich.

Im Grunde recht einfach. Aber erst einmal müssen wir die Muster und Glaubenssätze erkennen. Wenn wir sie dann erkannt haben, heißt das noch lange nicht, dass wir sie durchbrechen. Dafür benötigen wir unseren Willen und oft auch den Mut, für uns selbst einzustehen. Und obwohl wir uns all dessen bewusst sind, entscheiden wir uns freiwillig für das Leid. In der gewohnten alten Soße schwimmt es sich halt leichter. Die kennen wir.

Wir Menschen handeln manchmal recht paradox. Ab dem Zeitpunkt, wo ich mich entschieden hatte, nur das Schöne aus meinem Leben mitzuteilen, bekam ich kein Spritgeld mehr zugesteckt. Na super! Das Geld hätte ich trotz allem gut gebrauchen können.

Aber so ist das im Leben. Wenn wir eine Entscheidung treffen, müssen wir die Konsequenzen tragen. Und das tat ich, auch wenn alles andere bequemer gewesen wäre. Was mir in dieser Zeit half, war eine Stelle aus dem Buch »Wege aus der Abhängigkeit. Destruktive Beziehungen überwinden«. Dort heißt es: »In Therapien ist immer wieder zu beobachten, dass Eltern ihre erwachsenen Kinder *kaufen*. Durch materielle Zuwendung wird Abhängigkeit geschaffen, die auch die Verwöhnung aufrechterhält. Die Formel für Freiheit ist simpel, aber oft sind Betroffene nicht bereit, den Preis dafür zu bezahlen: Sie müssten nur bereit sein, keinerlei materielle Zuwendung mehr anzunehmen und beginnen, das zu Unrecht Erhaltene zurückzugeben. Nur so lässt sich das Selbstwertgefühl herstellen, das unter der Abhängigkeit nicht entfaltet werden konnte.«

Genau das kann ich im Nachhinein bestätigen. In den darauffolgenden Jahren hatte ich es geschafft, die Schulden bei Papa zu begleichen. Und in der gleichen Zeit verschwanden auch meine Schuldgefühle. Es hing alles zusammen. Mein Bewusstsein im Allgemeinen veränderte sich.

Meine Antennen funkten nun in Richtung eines anderen Senders. Und deshalb konnte auch etwas anderes beim Empfänger ankommen. Ich signalisierte ganz klar: Macht euch keine Sorgen um mich, ich regele mein Leben allein. Natürlich hatte ich auch noch Herausforderungen in meinem Leben zu meistern, aber ich wusste, dass meine Eltern nicht mehr meine Ansprechpartner dafür waren. Aus einem einzigen Grund: Wir wären, schneller als uns lieb gewesen wäre, in alte Muster zurückgerutscht.

Durch das Trennen dieser Fesseln wurde mir bewusst: Ich muss nichts tun, damit Mama und Papa mich lieben. Sie lieben mich einfach. Liebe ist die Basis unserer Beziehung.

Und egal, wie sie oder auch ich gehandelt haben: Wir taten es nach bestem Wissen und Gewissen. Keiner trägt für irgendetwas eine Schuld. Wir sind in der Konstellation zusammengekommen, um miteinander wachsen zu können. Nichts geschieht ohne Grund.

Nun hatte der Gedanke »Ich habe kein Geld« ausgedient. Ich hatte über ihn Aufmerksamkeit erhalten, die nur ein Ersatz für Liebe war und ins Leid führte. Das hatte ich nun erkannt. Als erwachsene Frau durfte ich nun selbst die Verantwortung für den Mangel übernehmen. Meine Pleite war also auch ein Geschenk. Denn sie gab mir die Möglichkeit, mir Verstrickungen bewusst zu machen, die es zu lösen galt.

Aus dieser Erfahrung heraus wünsche ich jedem, seine Abhängigkeitsmuster zu erkennen, auch wenn sie noch so klein sind. Meistens pflegen wir sie mit nur einem Ziel: geliebt zu werden.

Liebe kann nicht erarbeitet werden.
Wer das glaubt, begibt sich
in Abhängigkeit.

Es werden gegenseitig innere Löcher gestopft. Symbiosen entstehen, die uns nicht guttun. Oft geschieht das unbewusst. Ohne dass jemand wahrnimmt, wie die Situation tatsächlich ist.

Doch wir müssen nichts leisten. Wir brauchen keinem etwas zu beweisen. Wir dürfen einfach nur sein. Genauso, wie wir sind. Aus diesem verinnerlichten Wissen entspringen Reinheit, Liebe und wirkliche Freiheit.

Der Tod trennt nicht.
Er macht die Liebe
sichtbar oder zeigt uns,
wo wir noch Groll in
uns tragen.

»Endlich ist sie tot!«

Meine Cousine wurde als erstes Enkelkind geboren, und da ihre Eltern berufstätig waren, war sie oft bei meiner Oma, die direkt gegenüber wohnte. Diese Cousine war ein Jahr älter als ich und für mich durch das ständige Zusammensein wie eine Schwester. Sie war das Sonnenkind in der Familie. So empfand ich es zumindest.

Es passte prima zusammen: Sonnenkind und Problemkind.

Wenn ich mich im Badezimmer eingeschlossen hatte, weil es mir nicht gut ging, war sie es, die Stunden vor der Tür saß, um mir gut zuzureden, bis ich die Tür aufsperrte. Das war in der Jugendzeit schon so, und auch im Erwachsenenalter war die Rollenverteilung klar: Ich war die, die sensibel, gefühlsbeladen und problemorientiert war. Sie war hingegen die, die sich meine Probleme anhören durfte. Sie selbst hatte keine Probleme. Das dachte ich zumindest, weil sie oft strahlte und gut gelaunt war. Für ihr Leben war kein Platz zwischen uns, weil meins so viel Raum einnahm.

Meine Cousine hatte schon vor mir einen NLP-Kurs besucht und verstand viel früher die Gesetzmäßigkeiten des Lebens als ich. Ich war zu dem Zeitpunkt noch nicht so weit. In der Opferrolle kannte ich mich aus – daran hielt ich erst einmal krampfhaft fest.

Eines Tages, ich war fünfundzwanzig, offenbarte sie mir, dass sie sich nicht länger mit meinen Problemen befassen könne, weil es sie zu sehr belaste. Sie hatte für sich entschieden, unsere Symbiose aufzulösen, was ich heute verstehen kann, damals aber war das ein Hammerschlag ins Gesicht.

Ab diesem Zeitpunkt war für mich in unserer Beziehung alles gekünstelt. Ich erzählte ihr kaum mehr etwas von mir, und mir kam es so vor, als hätte sich eine Mauer zwischen uns geschoben. Wir haben nie wieder darüber gesprochen. Zwei Jahre später verunglückte sie mit achtundzwanzig Jahren tödlich.

Damals konnte ich niemandem sagen, was ich wirklich dachte. Einen Monat lang konnte ich nicht zu Hause schlafen, weil ich panische Angst bekam, sobald es dunkel wurde. Also schlief ich bei meinen Eltern. Ich konnte niemandem anvertrauen, wie es wirklich in mir aussah. Ich wusste ja selbst nicht, wie ich meine Gedanken einzuordnen hatte.

Einerseits war ich meiner Cousine dankbar. Doch andererseits war ich froh, dass sie endlich tot war. Ja, endlich war das Sonnenkind fort. Endlich konnte *ich* mal gesehen werden. Endlich durfte *ich* mal strahlen.

Aber das tat ich nicht. Stattdessen schämte und verurteilte ich mich: Du kannst so etwas Böses niemandem sagen. Was sollen die anderen von dir denken? Ich fühlte mich in einer Zwickmühle gefangen, in der ich mir selbst nie gerecht werden konnte. Das schlechte Gewissen nagte an mir.

Erst viel später verstand ich das alles wirklich.

Bei einer Familienaufstellung im Rahmen des NLP-Kurses stellte ich mir meine Cousine an die Seite. Mitten ins Leben, obwohl sie schon neun Jahre lang tot war. Ich hatte sie nie wirklich gehen lassen. Bis zu dem Tag hatte ich auch nie darüber gesprochen, was in mir vorging. Ganze neun Jahre lang schleppte ich diese zwiespältigen Gedanken mit mir herum. Ganze neun Jahre verurteilte ich mich dafür, dass ich so etwas Schlimmes über sie denken konnte.

Ich verstand nun endlich, dass mein Denken gar nichts mit ihr zu tun hatte. Eigentlich ärgerte ich mich darüber, dass ich mein Leben nicht allein auf die Reihe bekam. Dass ich so sensibel war. Dass ich so oft weinen musste. Sie spiegelte mir mit ihrem Sonnenschein-Dasein die Seite in mir, die ich lange Zeit abgelehnt hatte.

Ich weiß nicht, wie viele Tränen ich an dem Wochenende der Familienaufstellung und auch danach noch geweint habe. Und mit jeder Träne, die floss, wurde ich klarer.

Heute bin ich dankbar, dass meine Cousine mich eine Zeit lang auf meinem Weg begleitete, und auch dafür, dass ich durch ihren Tod die Möglichkeit hatte, mich zu entfalten.

Der Tod trennt nicht. Er macht eher sichtbar, was noch unerlöst ist. Wo wir mit uns selbst im Unfrieden sind. Wie schrieb mir mal eine Freundin, deren Kind mit acht Jahren von einem Lkw überfahren wurde: »Jemanden gehen lassen können ist ein Zeichen von tiefer Liebe.«

Einsamkeit ist die
Einladung, mit sich
selbst Freundschaft
zu schließen.

»Ich bin einsam«

Alleinsein ist ein Zustand, Einsamkeit ein Gefühl. Einsamkeit hat nichts mit der An- oder Abwesenheit anderer Menschen zu tun. Einsam kann sich auch jemand fühlen, der von Menschen umgeben ist. Es ist das Gefühl, nicht anerkannt, beachtet oder gebraucht zu werden.

Das Gefühl der Einsamkeit trug ich lange Zeit mit mir herum. Irgendwie war ich stets auf der Suche, aber ich wusste nicht einmal, wonach genau eigentlich. Inzwischen glaube ich, dass in der Einsamkeit der Zugang zu uns selbst verloren geht. Dahinter kann die Angst stecken, nicht gut genug zu sein oder etwas nicht hinzubekommen. Ebenso verlieren wir den Kontakt zu uns, wenn wir uns für andere aufopfern. Wenn wir mehr nach anderen schauen als nach uns selbst. Wenn wir gefällig sind.

Oft passiert es auch, dass sich Menschen von ihrem Partner abhängig machen, weil sie glauben, sonst einsam zu sein. So nach dem Motto: Besser ich habe einen Menschen, mit dem ich unglücklich bin, als gar keinen. Und so leben viele Paare im Mangel.

Jeder glaubt, den anderen zu brauchen, und merkt gar nicht, dass beide gegenseitig Löcher stopfen.

Es klingt vielleicht komisch, aber ich bin überzeugt davon, dass diejenigen, die mit sich selbst gut und gern allein sein können, so schnell keine Einsamkeit spüren. Weil sie etwas mit sich und dem Leben anfangen können.

Dazu möchte ich etwas erzählen, was bei mir bis heute eine nachhaltige Wirkung hat. Es geht um besagte Familienaufstellung, die ich im vorherigen Kapitel schon ansprach. Ich stellte meine Herkunftsfamilie auf. Mama, Papa, beide Omas und Opas, Geschwister, Tante, Cousine und so weiter. Eben die Menschen, die zu dem Zeitpunkt für mich relevant waren.

Es passierte so viel, dass ich gar nicht alles mitbekam. Die Stellvertreterin von mir erfuhr nach ein paar Minuten, dass Bianca, meine Cousine, nicht mehr lebte. Ich hatte sie in der Aufstellung direkt neben mich gestellt, mitten ins Leben. Die Vertreterin von mir fiel in diesem Moment wie ein nasser Sack zu Boden und weinte bitterlich. Das war der Moment, wo ich eingewechselt wurde. Ich durfte mich von Bianca verabschieden. Danach ging sie noch zu ihrer Mutter und Oma, und ich ging zu den Stellvertretern von Mama und Papa. Nachdem ich dort »fertig«

war, schaute ich zu, was sonst noch so auf diesem Schauplatz passierte. Bis die Trainerin zu mir sagte: »Du brauchst nicht zu warten, bis alle anderen ihre Probleme gelöst haben. Das schaffen sie auch ohne dich. Schau mal, wer da hinten auf dich wartet.«

Ohne dass ich es mitbekommen hatte, war eine weitere Person ins Feld gebeten worden. Sie hatte die Aufgabe, mein Leben zu symbolisieren. Sie stand in einer entgegengesetzten Ecke, schaute mich an und erwartete mich mit offenen Armen. Aber ich zögerte. Ich fühlte mich hin- und hergerissen. Sollte ich zu ihr gehen? Obwohl in meiner Herkunftsfamilie noch nicht alles geklärt war? Vielleicht konnte ich dort noch helfend zur Seite stehen? Aber genau in diesem Moment sagte die Trainerin: »Du darfst gehen.« Als wenn sie meine inneren Fragen gehört hätte.

Und dann ging ich … ganz langsam auf mein Leben zu. Als ich angekommen war, fiel ich ihm in die Arme. Mir liefen die Tränen nur so herab. Ich wusste in diesem Moment: Du wirst nie wieder in deinem Leben allein sein. Du hast dich und dein Leben! Es war, als wenn ich den Kontakt zu mir selbst wiedergefunden hätte.

Ich weiß nicht, was an diesem Tag geschah, aber ich habe in dunklen Zeiten schon oft daran zurückgedacht. Für mich bedeutet Leben, dass alles vorhanden ist. Von rosarot bis dunkelbraun. Dass ich zu mir stehe, auch wenn die Sonne von Wolken verdeckt ist.

Wenn ich mich einsam fühlte, wusste ich auch nicht, welchen Sinn das Leben macht. Ich wusste nicht einmal, was der Sinn überhaupt ist. Die Antwort habe ich inzwischen für mich gefunden:

> Der Sinn des Lebens
> ist das Leben selbst.

Wenn ich mich darauf einlasse, lebe ich. Und zwar alles, was sich zeigt. Ich will nichts mehr weghaben und gebe den Widerstand auf. Ich sage Ja – zu mir, zum Leben und zu meinen Gefühlen. Diese Verbindung zu mir selbst ist gleichzeitig die Brücke zu meinen Mitmenschen. Wie schrieb ich mal nach einer Zeit, in der ich meine Traurigkeit unterdrückt hatte, weil ich im Außen ein Bild der »erfolgreichen Autorin« aufrechterhalten wollte: »Endlich kann ich wieder weinen. Jetzt bin ich glücklich.«

Und was so paradox klingt, ist doch für viele verständlich.

Was weiß ich denn
schon, wozu der Körper
fähig ist, wenn der
Geist bereit ist.

»Ich hasse meine Beine«

Vor einigen Jahren fuhr ich in eine Venenklinik, um mich durchchecken zu lassen, weil ich fünfzehn Jahre zuvor eine Thrombose hatte. Meine Beine schwollen aus unerklärbaren Gründen immer öfter an, besonders im Sommer.

Das Ergebnis dieser Untersuchung: Mit den Venen war so weit alles okay, aber ich bekam die Diagnose Lipödem – ein Wort, das ich bis zu diesem Tag noch nie gehört hatte. Dass meine Beine unförmig und im Verhältnis zu meinem Körper ungewöhnlich dick waren, fand ich schon immer, aber ich stufte das nie als krank ein. Das änderte sich schlagartig.

Ich fuhr nach Hause und durchforstete das Internet. Und ich weiß ja nicht, wie es dir mit so etwas geht, aber ich finde immer die reinsten Schauermärchen, wenn ich mich online über Krankheiten informiere. So auch dieses Mal. Ich meldete mich in einem Lipödem-Forum an und erfuhr, dass die Krankheit immer weiter fortschreitet. Arme und Beine werden immer dicker, und man kann nichts dagegen tun. Nichts, außer jammern. Die Fotos, die ich dazu sah, versetzten meinem Herzen einen Stich. Die Menschen, die darüber sprachen, auch. Aus medizinischer Sicht sei das Krankheitsbild resistent gegen Sport und Ernährungsumstellungen.

Und dann saß ich da, in einer Rolle, in der ich mich zwar gut auskannte, aber die ich größtenteils aus meinem Leben verabschiedet hatte: das arme Opfer.

Das merkte ich zum Glück recht schnell. Schon zwei Tage später meldete ich mich aus diesem Forum wieder ab. Ich wusste: Es tut mir einfach nicht gut. Ich konnte doch nicht die Hälfte meines Tages damit verbringen, mich selbst zu bemitleiden. Nein, das ging nicht. Aber wenn erst mal etwas gesagt war, ist es so flott nicht auszulöschen. So ähnlich war das mit dem, was ich in den paar Tagen gelesen und gehört hatte. Diagnosen sorgen ganz oft dafür, dass sich Menschen über ihre Krankheit identifizieren. So war es auch bei mir. Ich sah mich als Opfer der Krankheit. Aber ich bin ehrlich: Mir war nicht bewusst, wie sehr mich das tatsächlich beeinflusste.

Was ich zumindest herausgefunden hatte: Schwimmen ist das Beste, was ich für mein Lymphsystem tun kann. Aber mit diesen unförmigen dicken Beinen wollte ich mich nicht zeigen! Also mietete ich mir in der Nähe zweimal in der Woche für eine Stunde mit einer Bekannten ein Schwimmbad in einem kleinen Hotel.

Außerdem ließ ich mir auf Rezept Stützstrümpfe anfertigen. Wer solche Teile kennt, weiß, wie »toll« sie sind. Man bekommt sie mit Gummihandschuhen kaum selbst an, sie sind hauteng, und das Tragen tut zwar den Beinen gut, aber gleichzeitig ist es eine Qual. Ich hatte mich irgendwann damit arrangiert, dass ich sie trage, wenn ich daheim bin, aber nicht, wenn ich aus dem Haus gehe. Diese Strümpfe *plus* Hose? Das ging einfach nicht. Ich fühlte mich dann wie ein aufgepumptes Männchen, das sich nicht mehr richtig bewegen konnte. Außerdem schrubbten die Hosenbeine zwischen meinen dicken Oberschenkeln so aneinander, dass irgendwann die halbe Hose oben hing. Schrecklich!

Das kennst du sicherlich auch, oder? Wenn du selbst von etwas betroffen bist, begegnen dir plötzlich viele andere mit dem gleichen Problem. Das Schlimme in meinem Fall: Alle litten darunter. Keiner kannte eine Lösung. Die einzige Lösung, die es wohl gab: eine Operation, um sich das krankhafte Fett absaugen zu lassen. Die muss man aber selbst zahlen, weil keine Kasse die Kosten übernimmt. 16 000 Euro. Die hatte ich nicht in der Schublade liegen. Außerdem sagte mir eine innere Stimme, dass ich damit aus meinem Leid auch nicht herauskäme. Nicht wirklich.

In der darauffolgenden Zeit kreuzten Betroffene meinen Weg, die zu seelischen Wracks geworden waren. Ich war gerade dabei, mich von meinen Lasten zu befreien – da konnte ich so etwas nun gar nicht brauchen. In den drei folgenden Jahren entwickelte ich mich weiter, schrieb mir alles Mögliche von der Seele, aber das Thema mit meinen Beinen änderte sich wenig.

Es war da, aber ich wollte es los sein.

Etwa vier Jahre später traf ich eine Person, die diese Operationen bereits hinter sich hatte. Sie zeigte im Internet Fotos davon, die mich echt zweifeln ließen, ob ich bereit war, solche OPs durchzuziehen. Die Beine und Arme waren danach voller blauer Flecken, wochenlang war das Tragen von Kompressionsstrümpfen nötig.

Doch wie auch immer. Jetzt war zumindest der Moment gekommen, an dem ich bereit war, mich diesbezüglich beraten zu lassen. Innerlich gefestigt. Dachte ich zumindest. Inzwischen war ich der Meinung, dass eine Operation das Einzige ist, was hilft. Ich vereinbarte also einen Beratungstermin in einer Spezialklinik in Köln. Ich musste einfach dorthin, um zu erfahren, was möglich ist.

Und dann kam etwas, womit ich überhaupt nicht gerechnet hatte. Ich saß im Wartezimmer, das erfreulicherweise auf einem Gang der Klinik lag und daher viel Raum ermöglichte. Ich spürte plötzlich, dass ich hier falsch war. Dass ich da nicht hingehörte. Dass ich so mein Problem nicht lösen würde. Und ich spürte noch etwas. Das Wichtigste, um etwas ändern zu können:

Ich hasste meine Beine.

Das war hart. Schon in diesem Wartezimmer kamen mir die Tränen. Bis zum Termin beim Arzt hatte ich mich wieder etwas beruhigt, und ich glaube, er verstand mich nicht wirklich, als ich ihm davon erzählte. Aber das war jetzt sowieso egal.

Jedenfalls sagte er: »Frau Werner, bevor wir operieren können, müssen Sie noch fünfundzwanzig Kilo abnehmen.« Damit meinte er das »gesunde Fett«. Ein paar Kilo hatte ich zu dem Zeitpunkt ohnehin schon weniger, und ich dachte mir: Wenn ich weitere fünfundzwanzig Kilo schaffe, werde ich hier ganz sicher nicht mehr aufkreuzen.

Ich verließ die Klinik. Endlich frische Luft! Ich setzte mich auf eine Bank in den Park und sagte laut zu meinen Beinen, während mir Sturzbäche von Tränen die Wangen runterliefen:

»Liebe Beine, ich habe es nicht
gemerkt, wie sehr ich euch hasste.
Bitte verzeiht mir. Ich werde
ab sofort mit euch gehen
und nicht mehr gegen euch.«

Nach diesem Termin hatte ich mich mit einer Freundin verabredet. Ich war schon kurz davor abzusagen, aber gleichzeitig war ich froh, mit jemandem sprechen zu können. Und das tat ich. Ich erzählte ihr alles. Auch das, was mir bewusst geworden war. Und dass ich auf der Fahrt zu ihr meine Beine unter Tränen gestreichelt hätte. Ich schluchzte immer noch. Aber es musste raus, und ich war glücklich darüber, dass der Hass seinen Weg nach draußen gefunden hatte.

Menschen, bei denen du sein darfst, wie du bist, sind in solchen Momenten sehr wertvoll. Deshalb sage ich an dieser Stelle vielen Dank, liebe Pia, dass du für mich da warst.

Als ich nach Hause fuhr, kannte ich den Schlüssel. Meine Beine selbst waren nicht das Problem, sondern mein Denken über sie. Und um genau das zu erkennen, war der Termin in der Klinik wichtig gewesen.

Fortan änderte sich so einiges. Vor allem wusste ich jetzt, wo ich ansetzen musste. An einem ganz anderen Hebel, als ich dachte. Da ich kurz zuvor bei Byron Katie auf einer Veranstaltung war, wusste ich um ihre »Work« und nutzte die Möglichkeit, am Telefon mit einem Coach meinen Glaubenssatz über meine Beine anzuschauen. Da kam einiges hochgeschwappt. In dieser Stunde entpuppte sich ein neuer Satz in mir: »Meine Beine sind okay!«

Hey – meine Beine sind okay.
Das war gigantisch im Vergleich zu vorher.

Tagelang sagte ich den Satz immer und immer wieder. Er war fast zu einem Mantra geworden. Und das Wichtigste: Ich glaubte ihn.

Ich denke, dass es ganz vielen Menschen so geht. Sie leiden nicht unter den Situationen selbst, sondern unter ihren Gedanken und Glaubenssätzen, die sie sich irgendwann erschaffen haben, die aber nicht der Realität entsprechen.

Es ist die Identifikation mit
unseren verurteilenden Gedanken,
die uns Leid zufügt. Nicht die Krankheit
oder Situation selbst.

Genau zu dieser Zeit kreuzte eine Person mein Leben, die für mich zum richtigen Zeitpunkt am richtigen Fleck war. Mir begegnete sie das zweite Mal, und zwar im Internet. Ich zögerte nicht lange und schrieb sie an, ob sie nicht Lust hätte, mit mir ein Interview zu führen: Silke Naun-Bates.

Silke waren nach einem Unfall in ihrem achten Lebensjahr beide Beine amputiert worden, und trotzdem fühlt sie sich ganz. Und jetzt erzähl *das* mal jemandem, der seine Beine über Jahre hasste. Nach einem Telefonat mit ihr wusste ich: Alles, was ich je an verkorksten Gedanken über meinen Körper hatte, entspricht einfach nicht der Wahrheit. Wenn jemand ohne Beine ein glückliches Leben führt und nicht mit dem Schicksal hadert, sondern es annimmt, dann weiß ich: Die Uhren ticken definitiv anders.

Es waren viele Puzzlestücke, die plötzlich zusammenkamen. Ich verstand etwas ganz Zentrales für mein Leben. Nicht nur an der Oberfläche, sondern mit der Tiefe meiner Seele. Nämlich das, was Silke auch in ihrem Buch »Mein Weg in die Freiheit« beschreibt: »Behinderung entsteht für mich persönlich dann, wenn wir das, was uns (scheinbar) fehlt, als Mangel oder Hindernis, im Sinne von: ›Wenn das anders wäre, dann könnte ich …‹, bewerten oder gegen eine bestehende Situation, innerlich oder auch offen, kämpfen. Sei es nun ein fehlendes Körperteil, eine Krankheit oder zwischenmenschliche Beziehungen, die wir als unangenehm empfinden, Verluste jeglicher Art, finanzielle Engpässe ... Durch eine negative Beurteilung einer bereits existierenden Situation behindere ich mich selbst und oftmals auch mein Umfeld.«

Seit ich meine Beine okay finde und die Ernährung umgestellt habe, hat das Thema Übergewicht allgemein an Bedeutung verloren. Es ist immer noch da – ja –, und ich kann auch noch nicht behaupten, dass ich meine Beine liebe, aber ich lerne es.

Die Medizin sagt zwar, dass ein Lipödem ernährungs- und sportresistent sei, aber welchen Einfluss Liebe hat, wurde noch nicht untersucht. Wozu der Körper imstande ist, wenn der Geist bereit ist, kann ich noch nicht sagen, und ich weiß auch nicht, ob ich mich jemals operieren lasse.

Aber ich glaube daran, dass die Liebe zum eigenen Körper Türen öffnen kann, von denen wir nicht mal ansatzweise wussten, dass sie überhaupt existieren. Und ich weiß, dass der Gedanke »Meine Beine sind okay« meiner Seele weitaus besser tut als der Hass, den ich mir selbst immer wieder entgegengebracht hatte.

Was unbewusst passiert war und mir erst später klar wurde: Die Bedeutung meines Übergewichts nahm immer mehr ab, weil ich meinem Inneren mehr Gewicht gab. Ich wusste immer mehr um meine Stärken. Ich ließ die Identifikation über meinen Körper mehr und mehr sterben.

Dass ich mich irgendwann traute, in die Öffentlichkeit zu gehen, hatte also weniger mit dem Gewicht selbst zu tun, sondern viel mehr damit, dass ich mir bewusst wurde, was tatsächlich in mir steckt. Unabhängig von den äußeren Gegebenheiten. Auch wenn ich eine korpulente Figur habe, kann ich mit meinem Inneren strahlen. Denn das, was in mir steckt, steckt in mir. Punkt. Die Frage ist nur, ob ich es rauslasse. Ob ich mich traue, mich mit meiner inneren Schönheit zu zeigen.

Die Begrenzungen unseres Lebens finden oft nur im Kopf statt. Wir sind zu viel mehr fähig, als wir glauben. Und wir sind etwas ganz anderes, als wir denken.

Deshalb möchte ich mich an dieser Stelle bei meinen Beinen bedanken. Sie tragen mich durch mein Leben. Durch sie kann ich mich bewegen. Und weil ich sie okay finde, nehme ich sie auch inzwischen jede Woche mit in ein öffentliches Schwimmbad. Schließlich habe ich versprochen: Ich gehe mit ihnen und nicht gegen sie.

Das ist bis heute so geblieben.

Du bist Schöpfer
deines Lebens.
Triff Entscheidungen
und trag die Konsequenzen.

»Was ist,
wenn mein Haustier stirbt?«

Jeder, der ein Haustier hat, wird es kennen. Ist es krank, leiden wir mit. Manchmal ist es so schlimm, dass wir selbst tagelang total fertig sind. So war es bei mir auch, bis ich etwas Entscheidendes begriff.

Mein Kater hatte einen schlimmen Virus mit hohem Fieber über zwei Tage – und ich litt. Es war so furchtbar, dass ich die ganze Zeit über heulen musste. In meinem Kopf spukten unterschiedliche Gedanken. »Was ist, wenn Leo stirbt?«, war wohl der Satz, der mich am meisten zum Weinen brachte. Unentwegt dachte ich daran, was passiert, wenn er es nicht schafft.

Und dann gab es diesen einen Abend, der mir genau das bewusst machte. Auf Facebook berichtete ich, dass es Leo so schlecht gehe. Daraufhin kamen Gute-Besserungs-Wünsche, aber es gab auch Schreckensmeldungen per Ferndiagnose. Ein Satz traf mich besonders: »Wenn der Virus falsch behandelt wird, wird Leo sterben.« Außerdem gab es Empfehlungen, den Tierarzt zu wechseln, dabei vertraute ich ihm eigentlich. Ja, eigentlich. Meine Gedanken schafften es, alles infrage zu stellen.

Aber dann kam ein Kommentar, der mich aus meinem Negativ-Horror-Szenario herausriss. Es schrieb jemand, wie wichtig positive Energie sei. Die Tiere wären so sensibel, die würden natürlich merken, wie wir drauf sind. Ich schaute mir an, was hier vor sich ging: Ich saß völlig fertig und schluchzend am PC. Leo lag eingeigelt auf der Badezimmermatte in der Ecke vor der Dusche und versteckte sich regelrecht vor mir.

Es musste etwas passieren! Zuerst habe ich mich von den angstmachenden Nachrichten verabschiedet und den PC runtergefahren. Dann habe ich Leo auf den Arm genommen und mich mit ihm aufs Sofa gesetzt. Ich weinte immer noch, aber ich fing an, laut mit ihm zu sprechen.

Ich erinnerte mich wieder an die Situation bei der Wanderung im Sumpf und sagte sicherlich eine Stunde lang, während ich ihn streichelte, einen Satz zu ihm: »Ja, wir schaffen das!«

Was dadurch passierte?

Ich selbst wurde mit jeder Streicheleinheit ruhiger. Je öfter ich den Satz aussprach, desto mehr glaubte ich das, was ich vor mir hersagte. Dadurch änderten sich nicht nur meine Gedanken, sondern auch die Gefühle dazu. Leo schlief irgendwann wie ein Kind in meinen Armen ein und ich ging beruhigt ins Bett.

Am nächsten Tag war Leo wie ausgewechselt. Er fraß morgens eine Kleinigkeit und miaute wie verrückt, weil er rauswollte. Endlich! Die beiden Tage zuvor war er völlig lustlos gewesen. Waren es nun die Medikamente vom Tierarzt, die geholfen hatten, oder waren es meine veränderten Gedanken, die ihm guttaten? Vielleicht war es auch eine Kombination? Ich weiß es nicht.

Die darauffolgenden zwei Tage ging es zwar besser, aber so richtig fit war er noch nicht. Er erbrach hin und wieder. Und fressen wollte er auch noch nicht richtig. Am Nachmittag des zweiten Tages telefonierte ich mit dem Tierarzt. Er meinte, ich müsse nochmals zur Kontrolle kommen, falls das mit dem Erbrechen noch länger anhielte. Nicht, dass er was am Magen hätte. Daraufhin googelte ich nach »grüner Katzenkotze« und durfte wieder die reinsten Dramen lesen, denen ich mich leider völlig hingab. Die Tränen rollten wieder.

Aber dann kam diese innere Stimme, die mich aus meinen Negativgedanken riss: »He, Kerstin, was machst du da wieder mit dir?!«

Mir wurde bewusst, dass es nur meine Gedanken waren, die mich so fertigmachten, nicht die Situation selbst. Denn es stand ja gar nicht fest, dass Leo wirklich Magenprobleme hatte. Erneut entschied ich mich, diesen Gedanken keine Energie mehr zu schenken, sondern daran zu glauben, dass er gesund war. Und dass sich auch sein Magen wieder stabilisierte.

Als Leo abends reinkam, legte ich ihn wieder auf meinen Arm. Ich hielt mit meiner Hand einfach nur sein Bäuchlein fest und sagte folgenden Satz, wie eine Langspielplatte, die einen Hänger hat: »Dein Magen ist gesund. Dein Magen ist gesund. Dein Magen ist gesund …« Eine halbe Stunde später ging ich dazu über, ihn zu streicheln, und sagte bei jedem Strich ein anderes Wort. »Liebe.« »Frieden.« »Gesundheit.« … Und so streichelte ich ihn wieder in den Schlaf und mich in die Ruhe.

Am nächsten Tag passierte etwas Ähnliches wie drei Tage zuvor. Leo war wie ausgewechselt, und ich fand auch nichts Erbrochenes im Flur wie in den vergangenen beiden Tagen. Er kam morgens zum Fressen und aß sogar mehr als seine Schwester Lucky. Leo wurde wieder gesund.

Wenn ich die Katzen streichele, sage ich seither immer irgendwelche wohlwollenden Worte in Gedanken wie

»Gesundheit«, »Kraft«, »Vitalität«. Ich bin mir sicher, sie merken es. Und mir tut es gut.

Es gibt sicherlich einige, die mich nun belächeln. Ich wusste ja selbst nicht, ob das etwas bringen würde, was ich da mache. Aber als ich Leo morgens so fressen sah, dachte ich, dass meine Gedanken wahrscheinlich zu viel mehr fähig sind, als mir bewusst ist. Wieder einmal. Irgendwie scheine ich mehrere Lektionen zu brauchen, um die elementar wichtigen Dinge fürs Leben zu verinnerlichen.

Ich kann dir nur wünschen: Wenn du selbst ein Tier hast und es mal krank ist, überprüfe deine Gedanken. Sind sie förderlich? Verschlimmern sie die Situation? Wie geht es dir damit? Wie könnte sich dein Befinden auf das Tier auswirken? Ich bin inzwischen fest davon überzeugt, dass unsere Gedanken Auswirkungen haben. Nicht nur auf uns, sondern auch auf die Geschöpfe, für die wir Verantwortung übernommen haben.

Dazu zähle ich auch Kinder. Wie oft haben Eltern Angst um ihre Kinder, worunter dann nicht nur die Kinder leiden, sondern auch die Eltern? Sie stellen damit nicht nur die Fähigkeiten des Kindes infrage, sondern auch ihre eigene Erziehung. Vertrauen wird zum Fremdwort. Ein Teufelskreis, denn so erziehen sorgenvolle Eltern Kinder voller Sorgen.

Bevor wir uns einem Leid ungefragt hingeben, sollten wir überprüfen, was uns wirklich leiden lässt. Und ich wünsche jedem, dass er zur selben Erkenntnis kommt wie ich:

> Nicht die Situation lässt uns leiden,
> sondern unsere Gedanken darüber.
> Sobald sich unsere Gedanken ändern,
> ändert sich die gesamte Situation.
> So erscheint es uns zumindest.

Dabei ist auch hier lediglich dieser Wechsel nötig: vom armen Opfer, dem nur Schlimmes widerfährt, hin zu einem Menschen, der ein selbstbestimmtes Leben führt und Herr über seine Gedanken und somit auch Gefühle ist. Denn das eine bedingt das andere.

Die Kriege im Außen
spiegeln die Kriege
im Inneren.

»Ich bin wertlos«

Oh ja, wie oft schon fühlte ich mich klein und wertlos? Weil es böse Menschen gab, die sich aufspielten, meine Ideen zunichtemachten, etwas Besseres zu sein glaubten und mich nicht so wahrnahmen, wie ich wirklich war. Es gab sie in allen Lebensbereichen. Die Menschen, die mich fertigmachten, unterdrückten und mir die Show stahlen. Die, die rücksichtslos ihr Ding durchzogen. Die, die glaubten, über mich bestimmen zu können.

So dachte ich zumindest.

In Wirklichkeit unterlag ich einem Glaubenssatz, den ich jahrelang aufrechterhielt: »Ich bin wertlos.« Und genau damit zog ich solche Menschen in mein Leben. Weil ich selbst nicht an mich glaubte, meine Begabungen nicht erkannte und ständig dachte, andere wären besser als ich.

> Ich sah meinen eigenen Wert
> nicht. Wie sollte ihn mein
> Umfeld erkennen?

Erst als ich verstand, dass auch hierin die Menschen im Außen lediglich mein Innerstes spiegeln, konnte ich mir selbst begegnen. Meinen Minderwertigkeitsgefühlen zu begegnen bedeutete, mir meine negativen Gedanken über mich selbst einzugestehen. Das war oft mit Tränen verbunden. Denn dadurch zeigte sich der Hass, den ich mir unbewusst über Jahre erschaffen hatte.

Ich hasste die Menschen, die mit ihrer Dominanz in mein Leben purzelten und über mich bestimmen wollten. Aber in Wirklichkeit war es anders. Ich hasste mich selbst dafür, dass ich nicht das schaffte, was genau diese Leute konnten: für sich einstehen, sich zeigen, Verantwortung übernehmen und vieles mehr.

Wenn wir ein Gegenüber als böse empfinden, hat dieser Mensch in unserem Leben einen Sinn. Selbst wenn wir denjenigen verfluchen, er ist ein Botschafter für uns. Einer, der uns direkt zu unserem Herzen führt.

Und da wären wir wieder bei der Bereitschaft, die Geschenke des Lebens auszupacken, auch wenn wir sie nicht sofort als solche erkennen können. Ich wünsche jedem von uns den Mut, in den Spiegel zu schauen und sich selbst zu begegnen. Immer wieder aufs Neue.

Annehmen heißt, sich auf
die Gefühle einzulassen,
die im Augenblick da sind.
Es gehört zum Sein.
Du kannst dich nicht wehren
gegen das, was ist.
Du kannst es versuchen,
aber dann leidest du.

Schritt 3
Nimm an, was ist

Ich glaube, wenn wir annehmen, was ist, legen wir einen wichtigen Grundstein für mehr Lebensfreude.

Im Grunde genommen geht das Annehmen oft schon mit dem Erkennen einher, dass etwas anders ist, als wir bislang glaubten. Dennoch möchte ich hier etwas mehr darüber schreiben. Und zwar deshalb, weil ich selbst lange Zeit nicht wusste, was eigentlich genau mit »Annehmen« gemeint ist. Und das geht vielen so.

Manche glauben, sie müssten gutheißen, was sie annehmen wollen. Andere denken, sie dürften dann nichts mehr verändern. Ich selbst dachte lange Zeit, dass ich doch nicht alles in meinem Leben einfach hinnehmen kann.

Unsere Gedanken darüber sind also etwas wirr.

Dabei ist es so einfach: Anzunehmen, was ist, bedeutet, dass wir die Vergangenheit und die Gegenwart akzeptieren. Wir müssen sie nicht gutheißen. Das Vergangene ist sowieso vorbei. Wir können es nicht mehr ändern. Und das Jetzt ist so, wie es ist.

Wenn wir annehmen, was ist, heißt das nicht, dass dann nur noch die Sonne scheint. Es ist eher die Bereitschaft, auch durch den Schmerz zu gehen. Die Gefühle zu durchleben, die sich zeigen. Nicht mehr zu verdrängen, was sowieso da ist.

Manchmal bringt das Leben Situationen hervor, die wir nicht ändern können. Wenn jemand stirbt oder einen Unfall erleidet, sind das Begebenheiten, die wir hinnehmen müssen. Wir haben keine andere Wahl. Solange wir jedoch gegen das, was geschieht, ankämpfen, werden wir viel Energie aufwenden, die uns letztlich nur davon abhält, die schöne Seite des Lebens zu sehen.

Das Leben ist nach einem Schicksalsschlag vielleicht anders. Anders heißt aber nicht, dass es schlechter sein muss. Auch dann kann das Leben schön sein. Annehmen bedeutet auch, dass wir wissen: Nichts geschieht ohne Grund. Wir stellen uns dem, was kommt, und nehmen die Herausforderung des Lebens an.

Ebenso ist das Annehmen im Umgang mit anderen Menschen ein wichtiger Aspekt. Wie reagieren wir, wenn Menschen hilflos auf uns zukommen, weil sie ein Problem haben, wenn sie verärgert sind, sich selbst verurteilen oder keinen Ausweg mehr sehen? Ist es nicht oft so, dass wir dann voll in deren Muster einsteigen? Sie sind unzufrieden, und wir motivieren sie, etwas zu verändern. Wir sagen, sie sollen dies oder jenes tun. Hauptsache, sie kommen in Bewegung. Und so manövrieren wir sie oft noch weiter von sich weg, als sie es ohnehin schon waren.

Bei allem, was ich gelernt habe, und in Anbetracht all der Werkzeuge, die im Coaching existieren, gibt es etwas, was in meinen Augen nichts ersetzen kann: das Annehmen eines Menschen. Und zwar so, wie er in dem Moment ist. Ihn in seinem Licht sehen, obwohl ihn gerade Dunkelheit umgibt. Zu wissen: Er ist gut so, wie er ist.

Je mehr wir uns selbst angenommen haben, desto eher gelingt uns das auch bei unseren Mitmenschen. Viele machen sich und das Umfeld fertig, wenn sie mit sich selbst unzufrieden sind. Sie verändern zu wollen, führt oft dazu, dass ihre Ablehnung sich noch verstärkt.

Du willst also einem Menschen wirklich helfen? Dann liebe ihn.

Was sich so einfach anhört, ist manchmal so schwer. Zu stark ist in unseren Köpfen der Satz: »Erst wenn du dich veränderst, bist du gut genug.« Das entspricht aber nicht der Wahrheit.

> Wir sind alle wertvoll.
> Weil wir sind, wie wir sind.

Wenn wir uns nicht mehr ablehnen, wird der Blick auf die Botschaft, die uns eigentlich erreichen soll, leichter möglich. Dann werden wir sanftmütiger mit uns selbst und begegnen uns – und anderen – mit mehr Verständnis. Immer geht es darum, dass wir weitergehen können, ohne das Gefühl, etwas falsch gemacht zu haben. Solange wir jedoch mit uns selbst ins Gericht gehen, können wir auch von anderen leicht verurteilt werden und sie unsererseits verurteilen.

Natürlich machen wir alle Fehler. Die Frage ist, wie wir damit umgehen. Es nützt nichts, wenn wir Fehler verurteilen. Weder unsere eigenen noch die der anderen. Fehler, die passiert sind, sind bereits passiert. Wir können nur daraus lernen.

Anzunehmen, was ist, bedeutet, dass wir die Bereitschaft haben, das Leben, unsere Mitmenschen und uns selbst zu umarmen. Wir sagen Ja zu dem, wie es ist. Der Widerstand löst sich auf. Dadurch wird eine Energie frei, die neue Tore öffnet. Solange wir kämpfen, wird kein Frieden entstehen.

Vergebung bedeutet,
dass wir entscheiden,
den Hass im Inneren
nicht länger
mit uns herumzutragen,
weil wir verstanden haben,
dass er unser eigenes
Seelenheil vergiftet.

Schritt 4
Verzeihe

Wenn wir Lebensfreude erlangen wollen, ist das Verzeihen ein wichtiges Puzzlestück. Denn was geschieht, wenn wir nicht verzeihen? Wir suchen dann im Außen Schuldige und tragen Gedanken in uns, die uns nicht guttun. Es entstehen Gefühle wie Hass, Wut oder Rachelust. Wir sind verletzt und enttäuscht. Wir machen andere Menschen für unsere Gefühle verantwortlich.

Wer lange Zeit mit anderen in Konflikt lebt, wird irgendwann merken, dass der eigene Körper rebelliert. Erschöpfung, Schlaflosigkeit, allgemeine Anspannung oder ein defektes Immunsystem können die Folge sein, wenn wir ständig innere Kriege führen.

Auch wenn wir glauben, es dem anderen mit unseren Ärger- und Rachegefühlen heimzuzahlen, sind wir es selbst, die daran zerbrechen. Denn es sind *unsere* Gedanken und Gefühle. Nicht die des anderen. Wir tun dem anderen vielleicht auch einen Gefallen, aber in erster Linie dient das Verzeihen uns selbst.

Vergebung ist die Tür
zum inneren Frieden.

Obwohl wir um all das wissen, fällt es uns schwer loszulassen. Wir sind getroffen vom Verhalten anderer und sagen: »Das werde ich ihnen nie verzeihen!«

Und genau damit bestrafen wir uns selbst, ohne dass es uns bewusst ist. Wir binden Unmengen an Energie, indem wir uns damit beschäftigen, wie wir anderen etwas heimzahlen können. Wir freuen uns, wenn es den anderen schlecht geht, und merken nicht, wie weit wir uns mit diesen Gedanken von uns selbst entfernen.

Wieso fällt es uns so schwer, zu verzeihen?

Weil wir zu stolz sind. Wir meinen, wir könnten unser Gesicht verlieren. Wir haben Angst, dass wir mit dem Verzeihen den anderen ermutigen, sein Verhalten zu wiederholen. Wir fürchten, wir könnten als schwach dastehen, wenn wir etwas zugeben. Starke Menschen irren sich doch nicht, glauben wir.

Unsere Sicht ist vernebelt von einem Schleier der Unwahrheit, der über uns liegt. Wir sehen nicht, dass wir uns unser eigenes Grab schaufeln.

Worum geht es beim Verzeihen? Das Verzeihen gibt uns die Chance, die innere Balance zu finden und wieder Frieden zu spüren. Es geht beim Verzeihen immer um uns selbst.

Tipps, um leichter verzeihen zu können

- Es ist wichtig, die eigenen Gefühle wahrzunehmen. Sie leiten uns. So sollten wir uns eingestehen, wenn wir verärgert oder wütend sind. Erst wenn wir unseren Frust bewusst wahrnehmen, können wir dahinterblicken und uns selbst begegnen.

- Es hilft, wenn wir versuchen, uns in den anderen hineinzuversetzen. Was könnte die positive Absicht des anderen gewesen sein? Mit so einer Frage ergibt sich ein Perspektivwechsel, und wir können die verletzende Situation ganz neu betrachten.

- Manch einer will nicht verzeihen, weil er glaubt, dann schwach dazustehen. Dabei ist die Fähigkeit, zu verzeihen, ein Ausdruck von Stärke. Das sollten wir uns bewusst machen.

- Wir müssen nicht gutheißen, was andere getan haben. Es ist in Ordnung, wenn uns ein Verhalten missfällt. Es genügt, wenn wir akzeptieren, dass der andere sich auf seine Weise verhalten hat. Mit dem Verzeihen entscheiden wir uns lediglich, von der Tat oder dem Verhalten des anderen nicht mehr beeinflusst zu werden.

- Es kann helfen, einen Brief zu schreiben, und zwar an die Person, der wir immer noch etwas nachtragen. In diesem Brief bekommt alles Raum: Vorwürfe genauso wie Bosheit, Wut und Ärger. Einfach rauslassen, was raus will. Ohne zu bewerten, ohne weiterzudenken. Und dann spüre in dich hinein. Wie geht es dir, wenn du alles rausgelassen hast, was rauswollte? Die andere Person sollte diesen ungefilterten Brief nicht zu lesen bekommen. Es geht nur darum, dass die Worte ohne Zensur rausdurften.

- Um den Kreis zu schließen, gilt auch hier: Wenn das Verzeihen nicht auf Anhieb klappt, dann ist das okay. Schenk dir Zeit und Geduld. Lebe das, was da ist. Die wachsende Bereitschaft zu verzeihen wird den Weg zu deinem Herzen freiräumen. Und manchmal braucht das halt seine Zeit.

Vergebungssätze

Es gibt drei Vergebungssätze, die mir immer wieder geholfen haben. Es geht nicht darum, diese Sätze wie automatisch abzulesen. Sie wollen gefühlt werden. Dafür benötigen wir Zeit und einen Ort, an dem alles sein darf. Ich selbst bin dafür gern in die Natur gegangen und habe mir einen stillen Ort gesucht. Dann habe ich an eine Konfliktsituation gedacht, in der ich mich gefangen fühlte. Langsam und deutlich sagte ich die folgenden Sätze. Manch einen auch öfter. Und dazwischen machte ich Pausen … und atmete. Ich gab mich hin. Die Sätze sollten sich voll entfalten. Meistens merken wir sofort, mit welchem Satz wir die größte Last von uns nehmen.

Die Vergebungssätze sind:

1. Ich vergebe dir für das, was du mir angetan (oder was du unterlassen) hast.

2. Ich gebe dir die Erlaubnis, mir zu vergeben, was auch immer ich dir angetan oder was ich unterlassen habe.

3. Ich vergebe mir selbst für das, was ich mir körperlich und emotional angetan habe.

Erst durch die Vergebungsarbeit habe ich gemerkt, wie hart ich oftmals mit mir umgegangen bin. Die meisten Tränen flossen immer wieder beim letzten Satz. Ich urteilte am meisten über mich selbst, und es ist auch heute noch eine immerwährende Achtsamkeitsübung, liebevoll mit mir umzugehen.

Da ich vor allem gefällig sein wollte, fiel es mir schwer, auf andere wirklich böse zu sein, weil ich ja geliebt werden wollte. Aber ich war böse. Und zwar auf mich selbst.

Viele wollen perfekt
sein und scheitern.
Die, die authentisch sind,
haben verstanden,
dass sie für ein erfülltes
Leben nichts darzustellen
brauchen und zu dem
stehen dürfen, was ist.

Schritt 5

Lebe, was ist

Wir kommen nun allmählich zum Schluss dieses Buches, und ich möchte dir ein paar Fragen stellen. Zunächst:

Wovor hast du jetzt noch Angst?
Gibt es etwas, was niemand sehen darf?

Das zu leben, was ist – ja, das erfordert manchmal Mut. Weil eben nicht alles toll ist. Weil beide Seiten da sind. Wir leben in der Dualität. Es gibt Regen und Sonne.

Wenn wir leben, was ist, können wir uns nicht mehr hinter Masken verstecken. Wir zeigen uns. Mit vernarbtem Herzen, Falten im Gesicht und all dem, was uns nicht perfekt erscheint.

Indem wir beide Seiten miteinander vereinen und nichts verdrängen, entsteht das Gefühl, nach dem wir uns alle sehnen: Vollkommenheit. Wir fühlen uns ganz.

Nach all dem, was du in diesem Buch über mich gelesen hast, frage ich dich: Was soll dir großartig passieren, wenn du zugibst, dass es gerade ist, wie es ist? Machst du dir Gedanken darüber, was andere von dir denken könnten?

Dann frage ich dich: Wie denkst du jetzt über mich? Denkst du, ich bin ein Schwächling, weil ich meine schwachen Momente mit dir geteilt habe? Das glaube ich nicht.

Ich kann nur sagen: Es tat gut, alles niederzuschreiben. Und es tut gut, es zu teilen. Das ist auch für mich ein Schritt, mit dem ich sage:

> Schau her: Hier bin ich.
> Ein Mensch.
> Mit Ecken und Kanten.
> Nicht perfekt, aber schön.

Was glaubst du, was sich die meisten Menschen wünschen? Sie wollen sich nicht mehr verbiegen und keinem mehr gefallen müssen. Sie wollen keine Rollen mehr spielen, Abhängigkeiten hinter sich lassen und innere Freiheit spüren.

Sie wollen einfach sein.

Kennst du das nicht auch? Wir alle wollen das lebendige Kind in uns wieder rauslassen, herumalbern und Spiele spielen. Nicht so viel nachdenken, sondern machen. Wir wollen uns einlassen – auf die Menschen, auf Gefühle, auf uns selbst und das, was das Leben für uns bereithält.

Es ist paradox: Obwohl wir wissen, dass wir dann ein leichteres Leben führen können, benötigen wir dafür Mut. Weil wir Angst haben. Angst, irgendwem nicht zu gefallen. Angst vor Ablehnung. Angst, nicht mehr geliebt zu werden.

Die skurrilste Angst ist die davor, zu strahlen und sich mit aller Pracht und kraftvoll zu zeigen. Das ist etwas, was wir nicht kennen. Und alles, was neu ist, scheuen wir erst einmal. In der Kleinheit finden wir uns zurecht. Wie wir uns selbst fertigmachen, das wissen wir.

Und nun sag ich dir etwas, was mir mein Leben enorm erleichtert hat:
   Es ist okay, Angst zu haben.

Lieber nehme ich die Angst mit hinaus, als ohne sie im Schneckenhaus zu sitzen. Bei mir hat sie sogar einen Namen. Sie heißt Egon. Ich habe sie in einem Kuscheltier verankert. Auf meiner allerersten Lesung stellte ich Egon, meine Angst, sogar vor. Ich weiß, das hört sich naiv und bescheuert an. Ist es vielleicht auch. Aber alles, was hilft, ist erlaubt.

Es ist nicht nur einmal passiert, dass ich meine Angst irgendwohin mitgenommen habe, und ihr dann langweilig wurde. Das wird dir auch passieren, denn wenn du nur durch einen kleinen Spalt Licht aus deinem Herzen nach draußen lässt, hat die Angst keine Chance mehr. Sie hat nichts mehr zu tun, wenn du zu strahlen beginnst. Sie verschwindet dann wie von selbst.

Es tut gut, Dinge zu tun, die andere für verrückt erklären. Es tut gut, der zu sein, der man ist. Auch ich übe täglich.

Es gab mal einen Coach in meinem Leben, der sagte: »Solange Tränen kommen, hast du noch nicht alles aufgearbeitet.« Also versuchte ich eine ganze Zeit lang, alles zu lösen, was es zu lösen gab. Ständig war ich unzufrieden, weil ich mir selbst noch nicht genügte. Irgendwann merkte ich, dass es einfach nicht geht. Und dann kam die Befreiung: Ja, meine Güte, dann habe ich halt noch nicht alles aufgearbeitet. Das ist dann eben so. Na und?

Ich habe damit aufgehört, fertig sein zu wollen. Denn erstens weiß ich nicht, ob ich das je sein werde, und zweitens würde ich damit vieles verpassen, was mir das Leben lebenswert macht. Und so lebe ich unfertig. Jeden Tag. Weil ich glaube, dass der Sinn des Lebens das Leben ist.

Lieber lebe ich mit Freude unfertig, weine auch mal und lasse meinen Gefühlen freien Lauf, als dass ich dem Perfektionismus, fertig sein zu wollen, hinterhereifere und dabei unglücklich bin, weil es ja noch so viel zu tun gibt.

Falls dir also jemand erzählen will, dass man immer glücklich sein kann, immer gute Laune haben oder rosa Liebeswölkchen pupsen kann … dann stell dir einfach mal die Frage, ob es diesen Zustand überhaupt gibt. Auch was ich hier schreibe, muss nicht *die* Wahrheit sein. Deshalb prüfe immer, ob das, was du liest und hörst, mit deiner Sicht konform geht.

Wenn wir leben, was ist, dann darf alles sein. Dann sehen wir Schwächen in einem anderen Licht. Nicht nur die eigenen, sondern auch die der anderen. Teilweise verwandeln sie sich dann sogar in Stärken.

Vor allem treffen wir bewusstere Entscheidungen, weil wir uns besser kennen. In mir war irgendwann die Erkenntnis: Wenn ich etwas tue, um geliebt zu werden, und mir dessen bewusst bin, ist es nur noch halb so schlimm, weil ich dazu stehe, dass ich noch nicht alles hinbekomme. Ich kann dann sogar über meine verkorksten Verhaltensmuster lachen. Und Humor eliminiert jede Schwere, die in manchen Themen sitzt.

Mir stellten schon öfter Menschen eine Frage: »Wie kann ich selbstbewusster werden?« Im Gespräch stellte ich dann fest: Die meisten wollen in Wirklichkeit nur nach außen strahlen und etwas darstellen, was sie gar nicht sind. Und genau dort liegt der Hase im Pfeffer, denn indem sie nur stark sein wollen, verdrängen sie die anderen Seiten, die auch angenommen werden möchten. Jeder von uns hat Stärken *und* Schwächen. Solange wir aber damit beschäftigt sind, unsere Schwächen vertuschen oder loswerden zu wollen, haben wir keine Energie, um uns unseren Stärken zu widmen.

Was ist also die Lösung?

Das Wort sagt es schon: sich seiner selbst bewusst werden. Sowohl der Stärken als auch der Schwächen. Weißt du von dir, was du gut kannst und was dir gar nicht liegt? Wenn nicht, finde es heraus. Und heiße dann beides willkommen. Du brauchst an deinen Schwächen nicht rumzudoktern. Lass sie einfach in Ruhe. Sie sind okay. Sie sind bei jedem vorhanden und nichts Schlimmes.

Statt dich mit deinen Schwächen zu beschäftigen, such dir lieber Menschen, mit denen du kooperieren kannst. Tu dich mit denen zusammen, die dort stark sind, wo du schwach bist, und die dort schwach sind, wo deine Stärken liegen. Damit stärkst du nicht nur deine Stärken, sondern auch die der anderen.

Du brauchst dich auch nicht ständig zu entschuldigen. Wenn mal etwas misslingt, ist es eben so. Wir neigen dazu, alles, was in unseren Augen nicht perfekt ist, zu erklären. Das ist nicht nötig. Du darfst zu dir stehen. Du bist wertvoll. Du bist fähig. Und du tust das, was du tun kannst. Das reicht.

> Stell dich nicht immer
> als Versager hin.
> Du bist ein Diamant.

Es gibt natürlich Menschen, die gar nicht wissen, dass sie wertvoll sind. Sie kennen ihre Stärken nicht. Also haben sie keine Wahl: Sie sind quasi gezwungen, sich mit ihren Schwächen auseinanderzusetzen. Sie fühlen sich die meiste Zeit nutzlos und vergleichen sich ständig mit anderen.

Wenn du zu dieser Gruppe gehörst, habe ich einen Vorschlag. Da du selbst dein Licht nicht erkennen kannst, frage doch Menschen in deinem direkten

Umfeld, mit denen du oft zusammen bist, was sie an dir besonders schätzen. Was sie als deine Stärken sehen. Du darfst ruhig sagen, wieso du das wissen willst. Aber dann werde still. Lass dir wohlwollende Worte schenken und diskutiere nicht. Nimm sie wie ein Geschenk entgegen.

Am besten schreibst du auf, was diese Menschen über dich sagen. Oder du lässt es dir von ihnen aufschreiben. Danach gehst du an einen stillen Ort und liest dir alles in Ruhe vor. Wenn du fertig bist, bedankst du dich.

Ein Powersatz dafür wäre: »Danke, dass ich so bin.«

Wenn du diese Worte allerdings nicht fühlen kannst, geht auch folgender Satz, mit dem du dir selbst erst die Erlaubnis gibst: »Danke, dass ich so sein darf.«

Aus meiner eigenen Erfahrung heraus kann ich dir so viel sagen: Wenn du beide Seiten bewusst wahrnimmst und akzeptierst, wirst du automatisch etwas anderes ausstrahlen. Und zwar Authentizität. Dies wird genau dann möglich, wenn du aufhörst, gegen dich selbst zu kämpfen. Die Folge davon ist, dass du öfter in deiner Kraft stehst. Und wer kraftvoller ist, hält den Stürmen des Lebens besser stand.

Wenn wir Selbstverantwortung übernehmen, unsere Mitmenschen als Spiegel unseres Selbst wahrnehmen, wirklich hinschauen, die Pakete auspacken, die Situationen annehmen, verzeihen und die Vergangenheit ruhen lassen – dann ergibt sich etwas automatisch:

Wir beginnen zu leben.
Jetzt, hier und heute.

Und es ist ein anderes Leben als vorher.
Ein bewussteres mit mehr Klarheit und Kraft.

Genau dazu lade ich dich am Ende dieses Buches ein und stelle dir eine letzte wichtige Frage:

Bist du bereit,
deinen Weg weiterzugehen,
auch wenn du die hundertprozentige
Verantwortung dafür allein trägst?

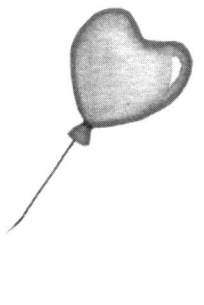

Dankbarkeit ist nicht
nur eine Kraftquelle,
sondern auch der Schlüssel
zu einem erfüllten Leben.

Danke

Wenn du in deinem Leben zurückblickst und sagen kannst: Es war alles gut so, wie es war – dann erkennst du dein Leben als Geschenk.

Dieses Buch ist mein persönlicher Dank an alle, die mich bis heute auf meinem Lebensweg begleiteten.

Danke an die Menschen, die mich zur Weißglut brachten und mir Anteile zeigten, denen ich liebevoll begegnen durfte.

Danke an die Trainer und Therapeuten, die mir geholfen haben, mein leuchtendes Herz mehr und mehr sichtbar zu machen.

Ganz besonders möchte ich denen danken, die in herausfordernden Situationen mehr an mich glaubten als ich selbst. Die für mich da waren, wenn meine Welt sich nicht mehr zu drehen schien. Die sich auf das Licht in mir konzentrierten, während für mich nur Dunkelheit erkennbar war.

Mögen wir alle den Frieden in uns spüren, damit wir ihn in die Welt tragen können.

Kerstin Werner
Seelennahrung pur!

Was macht unser Leben bunt? Wie bringen wir unser Herz zum Leuchten? Wie können wir lernen, uns selbst zu lieben und so anzunehmen, wie wir sind? Die berührenden Geschichten von Kerstin Werner schenken wertvolle Impulse zur individuellen Beantwortung dieser Fragen. In vielen der inspirierenden und unterhaltsam erzählten Geschichten entdecken wir uns selbst und erkennen: Auch wenn das Leben vielleicht manchmal trüb und hoffnungslos erscheint, es ist viel bunter, als wir denken, und es gibt immer eine Lösung. Manchmal reicht dafür schon ein anderer Blickwinkel ...

978-3-7787-9274-2

Leseprobe unter
www.ansata-integral-lotos.de

www.integral-verlag.de

Raus aus der Komfortzone, rein ins Leben!

Das eigene Leben in eine neue, positive Richtung zu lenken kann ganz einfach sein – sobald man die Angst vor Veränderung ablegt und endlich den Mut fasst, einen neuen Weg einzuschlagen. Oft reichen dafür ein paar kleine, aber wesentliche Impulse. Kerstin Werners motivierende Texte helfen dabei, endlich aufzuwachen, und öffnen die Augen für eine bunte, aufregende Welt voll ungeahnter Möglichkeiten. Und keine Angst vor unerwarteten Hürden – die einfühlsamen Worte der Autorin schenken die nötige Kraft, um sie zu überwinden!

978-3-7787-9280-3

Leseprobe unter
www.ansata-integral-lotos.de

www.integral-verlag.de